D1751473

Frithjof Schuon

Von der inneren Einheit der Religionen

Frithjof Schuon

VON DER INNEREN EINHEIT DER RELIGIONEN

ANSATA-VERLAG
Paul A. Zemp
Rosenstrasse 24
CH-3800 Interlaken

Titel der französischen Originalausgabe
De l'unité transcendante des religions
2. umgearbeitete Auflage, Editions du Seuil, Paris 1979

Die deutsche Übersetzung stammt vom Verfasser

1981
© 1979 by Editions du Seuil
Alle Rechte der deutschen Ausgabe
beim Ansata-Verlag, Interlaken
Umschlaggestaltung: Max Schray, Basel
Gesamtherstellung: Zobrist & Hof AG, CH-Pratteln
ISBN 3-7157-0042-4

Inhaltsverzeichnis

Vorwort	7
1. Kapitel: Vom inneren Wesen der Idee	11
2. Kapitel: Von den Grenzen der Exoterik	15
3. Kapitel: Erscheinungsweisen der Esoterik	31
4. Kapitel: Von den Formen der Kunst	51
5. Kapitel: Grundzüge der Metaphysik	71
6. Kapitel: Von den Grenzen der Glaubensverbreitung	91
7. Kapitel: Der Dreiklang der monotheistischen Offenbarung	103
8. Kapitel: Christentum, Islam, Buddhismus	109
Nachwort	135
Register	147
Bücher von Frithjof Schuon	154

Vorwort

Die Betrachtungen dieses Buches zeugen von einer Weltanschauung, welche nicht philosophisch im gewöhnlichen Sinne des Wortes, sondern rein metaphysisch ist, – eine Unterscheidung, welche denjenigen überraschen muss, der die Metaphysik gewohnheitsmässig in das blosse Vernunftdenken einbezieht; indessen, wenn man eine solche Einebnung schon bei Aristoteles und seinen scholastischen Nachfolgern findet, so beweist das gerade, dass alle Philosophie Begrenzungen aufweist, die selbst im besten Falle eine richtige Einschätzung der metaphysischen Erkenntnis erschweren. In Wahrheit übersteigt die Metaphysik ihrem inneren Wesen nach alles Vernunftdenken, denn sie ist unmittelbare Geistesschau, nicht mittelbar-berechnende Gedankentätigkeit; sie geht nicht aus der Ratio, sondern aus dem Intellekt hervor, welchen Meister Eckhart folgendermassen kennzeichnet: «Etwas ist in der Seele, was unerschaffen und unerschaffbar ist; wenn die ganze Seele solcherart wäre, so wäre sie unerschaffen und unerschaffbar; und dies ist der Intellekt.» *(Aliquid est in anima, quod est increatum et increabile; si tota anima esset talis, esset increata et increabilis, et hoc est intellectus.)*

Wenn nun diese reingeistige Erkenntnis naturgemäss über das Individuum hinausgeht, – das heisst, wenn sie übergeschöpflicher Wesensart ist und daher aus dem reinen Universalgeiste hervorgeht, dessen Strahlung unmittelbar, nicht umwegig ist, – so bedeutet dies, dass solche Erkenntnis nicht bloss unendlich viel weiter reicht als alles logische Schlussfolgern, sondern auch weiter als der Glaube im gewöhnlichen Sinne des Wortes. Wohl ist der Standpunkt des Glaubens demjenigen der blossen Vernunft weit überlegen, kommt er doch von Gott und nicht vom Menschen, genau wie dies für die metaphysische Erkenntnis der Fall ist; während aber letztere aus dem Intellekt hervorgeht, also dem übervernünftigen Geheimnisquell des Herzens entspringt, begründet sich der Glaube auf eine von aussen an den Menschen herankommende Offenbarung; dies ist das an die Geschöpfe gerichtete, zunächst von aussenher bindende Gotteswort, während die geistige Schau eine unmittelbare Teilhaftigkeit an der übersinnlichen Wirklichkeit ist, und nicht bloss eine mittelbare wie der Glaube. Beim geistigen Innewerden erkennt streng genommen nicht das Individuum als solches, dessen natürliche Fähigkeiten ja nur in zweiter Linie betätigt sind, sondern ein Funke des göttlichen Selbstes im Menschen; anders gesagt, der Mensch erkennt dann insofern, als er in seinem tiefsten Wesen nicht von der allumfassenden göttlichen Wirklichkeit verschieden ist. Darum ist die metaphysische Gewissheit absolut wie ihr letzter Inhalt; Erkennendes und Erkanntes, Intellekt und Wirklichkeit sind irgendwie eins, denn der Intellekt ist eine unmittelbare Strahlung der Wirklichkeit und offenbart sie aus seinem eigenen unwandelbaren Wesen heraus. Man könnte von der metaphysischen Erkenntnis – die innerhalb einer Religion deren Gnosis oder Esoterik ausmacht – vergleichsweise sagen, dass sie sich der Farblosigkeit des Lichtes, das heisst dessen reiner Lichtheit bewusst ist, während der dogmatische Glaube das Licht entweder rot oder grün sieht, je nach Offenbarungsform; beide sich widersprechenden Formen haben hier insofern recht, als sie das Licht von der Dunkelheit unterscheiden, nicht aber insofern, als sie es ausschliesslich dieser oder jener Farbe gleichsetzen, denn Rot oder Grün ist zwar Licht, aber das Licht als solches ist weder rot noch grün. Der dogmatische Standpunkt kennzeichnet sich dadurch, dass er das Sinnbild – oder die Form – der überförmlichen Wahrheit gleichstellt, und zwar tut er es, weil er sich für die Gläubigen zwangsläufig auf eine von aussenher kommende Offenbarung stützt und nicht auf eine allen zugängliche Erkenntnis; letzteres lässt sich niemals verwirklichen, da ja nur die sinnliche Erkenntnis allen Menschen zugänglich ist, ganz abgesehen davon, dass die unmittelbare übersinnliche Erkenntnis keines Dogmas bedürfte. Die Metaphysik kann sich auf das gleiche Sinnbild oder die gleiche Form stützen wie der Glaube, aber ohne dabei die Begrenztheit und Verhältnismässigkeit der Form aus den Augen zu verlieren; jede der grossen, von innenher gleich wahren Religionen kann daher durch ihre Glaubenssätze, ihre Riten und anderen Sinnbilder der unmittelbaren – und daher esoterischen – Erkenntnis als Ausdrucksmittel und auch als Schlüssel dienen. Der Glaube bedeutet für die Mehrzahl der Menschen die einzigmögliche Anteilnahme an den göttlichen Wahrheiten; die reingeistige Erkenntnis geht über das Dogma hinaus, indem sie, ohne dem Dogma jemals zu widersprechen, in sein «inneres Ausmaß», das heisst in die unendliche, alle Formen beherrschende Wahrheit eindringt.

Wenn die Ratio keineswegs aus eigener Kraft das Gebiet der metaphysischen Wahrheiten erreicht, so kann sie nichtsdestoweniger der übervernünftigen Erkenntnis als Stützpunkt und Ausdrucksmittel dienen; daher die äussere Ähnlichkeit zwischen gewissen metaphysischen Darstellungen und philosophischen Gedankengängen; jeder Begriff, sobald er zum Ausdruck kommt, schlägt notgedrungenerweise die Wege des menschlichen Denkens ein, es sei denn, er kleide sich in ein reines Bild, wie das in heiligen Schriften und in heiliger Kunst der Fall ist. Was die metaphysische Aussage grundsätzlich von der philosophischen unterscheidet, das ist ihr sinnbildliches und beschreibendes Wesen: die Beweiskraft ist nicht restlos in den Gedankengängen, und deshalb ist die dialektische Anfechtbarkeit der Gedanken dem Metaphysiker weitgehend gleichgültig; die Gedankenbilder, die ja niemals ganz unanfechtbar sein können, da alle Form Grenzen aufweist, übersetzen beim Metaphysiker apriorische Gewissheiten, während die Philosophie – nicht umsonst hat man sie *ancilla theologiae* genannt – niemals mehr enthält als dasjenige, was sie ausspricht; sie ist Form und fällt mit der Form. Wenn die Philosophie mit Vermutungen und Schlussfolgerungen arbeitet, so beweist dies eben, dass ihr Ausgangspunkt eine Art Zweifel ist; daher die einfältige Meinung, es gebe auf metaphysischer Ebene ungelöste Probleme, die irgend ein Mensch plötzlich lösen könne. Die metaphysische Gewissheit ist seinsmässig, nicht bloss logisch; sie kleidet sich in Lehrsätze oder Bilder, um übermittelt werden zu können, und zwar jenen, welche «Ohren haben, zu hören»; kraft dieser Mittel wird die unbewusst im Menschen schlummernde – gewissermassen «ewig» in ihm liegende – Erkenntnis geweckt. Für den Metaphysiker ist der verhältnismässige – von den «Erkenntnistheoretikern» als Absolutum behandelte – Gegensatz von Erkennen und Sein kein Problem; das Erkennen ist ein Pol des Seins, und das Sein ein Pol des Erkennens, jedes ruht im anderen, ist etwas vom anderen. Dass man nicht alles Erkennbare in die Tretmühle des Denkens einspannen kann, bereitet dem Weisen keinerlei Schwierigkeiten.

Um nun den Hauptgegenstand dieses Buches zu berühren, soll gleich gesagt sein, dass die Einheit der Religionen auf äusserer, formhafter Ebene nicht verwirklicht werden kann und auch gar nicht verwirklicht werden will, ansonsten die Offenbarungsformen ja keinen zureichenden Grund hätten; was offenbart ist, das ist vom göttlichen Worte gewollt; Offenbarung ist gleich göttlicher Wille.

Die dogmatischen Gegensätze der Weltreligionen tun der einen und allumfassenden Wahrheit keinerlei Abbruch, sowenig als die Unterschiede der Farben das eine und überfarbliche Licht ausschliessen; im Gegenteil: so wie jede Farbe durch ihre Verneinung der Dunkelheit und ihre Bejahung des Lichtes den Strahl zu fassen erlaubt, der sie sichtbar macht, so ermöglicht jede gottgewollte Form dadurch, dass sie die Wahrheit bejaht und den Irrtum verneint, dem Strahl der Offenbarung – der dem Intellekt gleich ist – nachzufolgen bis zu seinem göttlichen Ursprung. Aus alledem geht hervor, dass dieses Buch nicht in der Absicht geschrieben werden konnte, Menschen von ihrem Glauben zu entfernen, und dass es garnicht geschrieben worden wäre, wenn die äusseren Gegensätze der Weltreligionen nicht vielen heutigen Menschen ein Stein des Anstosses wären und ihnen die Möglichkeit zu jeglichem Glauben an Gott und Jenseits wegnähmen; in einer in sich abgeschlossenen Geisteskultur – etwa im christlichen Mittelalter – hätte ein Buch wie das vorliegende keinen Sinn, weil die Problematik, von welcher es ausgeht, praktisch gar nicht bestünde, und weil sich sein esoterischer Gehalt ohnehin und auf andere Weise kundtäte. Vom Standpunkte eines besonderen Glaubens aus kann man allerdings der Ansicht sein, dass eine Schrift wie die vorliegende nachteilig sei; in Anbetracht der geistigen Wirrnis unserer Zeit aber dürften die erkenntnismässigen Vorteile der hier dargebotenen Betrachtungen gewisse glaubensmässige Nachteile weit überwiegen, und zwar gerade dadurch, dass sie die Irrtümlichkeit gewisser Bedenken zu erweisen suchen, die heute jedem Glauben – also dem Glauben an sich – im Wege stehen.

Zum Schlusse sei noch bemerkt, dass das vorliegende Buch zuerst in französischer Sprache geschrieben und unter dem Titel «De l'Unité transcendante des Religions» herausgegeben wurde. Die hier vorliegende deutsche Fassung hat alles Wesentliche beibehalten, dabei aber auf Einzelheiten verzichtet, die unseres Erachtens keiner geistigen Notwendigkeit entsprechen; manches konnte zusammengefasst und auf einfachere Weise dargestellt werden; manches Neue wurde hinzugefügt.

Erstes Kapitel

Vom inneren Wesen der Idee

Das wahre und restlose Verstehen einer geistigen Idee übersteigt bei weitem unser apriorisches, meist mit dem wirklichen Verstehen verwechseltes Einverständnis; dieses setzt allerdings ein auf seiner Stufe wirkliches Begreifen voraus, aber diese innere Klarheit ist zunächst nichts anderes als ein mögliches Anzeichen unserer Fähigkeit, die betreffende Idee auch völlig zu erfassen. Wie der Raum, so hat auch der Geist seine Ausdehnungen: eine Wahrheit kann gemäss verschiedener Begriffs- und Erlebnisrichtungen verstanden werden, also auf viele, ihren zahllosen Anblicken entsprechende Weisen; damit verlassen wir jedoch das Gebiet der blossen Theorie und gelangen auf dasjenige der metaphysisch-mystischen Verwirklichung.

Davon weiss die Philosophie – im gewöhnlichen und einschränkenden Sinne, also sofern sie gedanklicher Selbstzweck ist – von vornherein nichts, denn sie muss ja leugnen, was ihr eigenes, bloss gedankliches und selbstzweckhaftes Wesen verneinte und aufhöbe. Verglichen mit der unmittelbaren Geistesschau ist ihr Vorgehen einseitig und schematisch: die Begriffe, mit denen sie umgeht, sind im besten Falle Erkenntnisschlüssel, welche aber niemals zur Erschliessung der «lebendigen» Wahrheit benützt werden. Die Philosophie im modernen – teilweise auch im antiken – Sinne weiss weder vom wahren, unerschöpflichen Wesen der Idee, noch von der Rolle der lehrmässigen Festlegung, und dieses Nichtwissen ist schuld daran, dass ganz unbilligerweise alle gedankliche Festlegung von vielen Begriffs- und Glaubensmüden verworfen wird, – eine durchaus widersprüchliche Haltung übrigens, da der Mensch ja nur kraft eines Gedankens, sei er wahr oder falsch, einen anderen Gedanken verwerfen kann; er hat jenseits alles Denkens keine andere Wahl als die zwischen Gott und Tier.

Der Dogmatismus als gedankliche Einstellung – und als solche hat er nichts mit dem an sich notwendigen Dogma zu tun – liegt nicht nur in der Unfähigkeit, die innere, in der Form mitinbegriffene Unbegrenztheit des Sinnbildes zu erfassen, sondern auch im Nichtsehen des inneren Bandes, welches zwei sich scheinbar widersprechende Wahrheiten verknüpft und dabei irgendwie in ihnen enthalten ist, sodass die beiden gegensätzlichen Begriffe oder Sinnbilder sich in Wirklichkeit polar gegenüberstehende und sich gegenseitig ergänzende Anblicke ein und derselben Wahrheit sind. Man könnte sich auch so ausdrücken: wer an der allumfassenden Erkenntnis teilhat, der sieht zwei sich scheinbar widersprechende Wahrheiten wie zwei auf einem selben Kreise liegende Punkte; der Kreis verbindet sie und macht sie so zu Einem; im Masse nun als die Punkte voneinander entfernt, also einander entgegengesetzt sind, besteht Widerspruch, und dieser ist am ausgeprägtesten, wenn sich die Punkte diametral gegenüberstehen, – ein Widerspruch, der jedoch nur dadurch besteht, dass die Punkte vom Kreise losgelöst und als Einzelnes betrachtet werden, als wäre der die Gesamtwahrheit darstellende Kreis garnicht vorhanden. Man kann den metaphysischen Begriff dem Bruchstück eines Kreises vergleichen, welches durch seine Biegung auf diesen hinweist und dessen Ganzheit grundsätzlich ausdrückt, während der zur «toten» Form geronnene Gedanke einem beziehungslosen und daher widersprechenden Punkte gleicht; allerdings liegt der Unterschied nicht notwendigerweise im Ausdruck, er liegt aber in dessen Absicht und in unserem Erfassen der Absicht.

Die äusserliche – und durchaus gewollte – Widersprüchlichkeit mancher metaphysisch-mystischer Lehrformeln tritt selbstverständlich nicht nur in ein und demselben Satze in Erscheinung, wie etwa im vedischen *Aham Brahmâsmi* («Ich bin Brahma») oder im sufischen *Anâ El-Haqq* («Ich bin Gott-Wahrheit», Ausspruch des El-Hallâdsch), sondern auch *a fortiori* zwischen verschiedenen, jeweils logisch einheitlichen Ausdrucksweisen, etwa wenn in einer heiligen Schrift an einer Stelle von der Willensfreiheit und an einer anderen von der Vorbestimmung die Rede ist. Diese Lehrsätze widersprechen sich nur insofern, als sie entgegengesetzte Anblicke einer gleichen Wirklichkeit zum Ausdruck bringen; da jeder auf seine Weise wahr ist, müssen sie sich in einer tieferen Wahrheitsschicht berühren. So verhält es sich auch, *mutatis mutandis,* mit den Weltreligionen.

*

Um auf die Frage des Verständnisses einer Idee zurückzukommen, können wir den theoretischen Begriff mit der Anschauung eines Gegenstandes vergleichen: genau so, wie diese Anschauung nicht alle möglichen Anblicke des Gegenstandes enthüllt, das heisst sein völliges Wesen, das ja nur durch Einswerdung erkennbar wäre, so kann auch ein theoretischer Begriff niemals die völlige Wahrheit enthüllen, sondern muss sich darauf beschränken, einen Anblick derselben auszudrücken, sei er nun wesentlich oder nicht, je nach Bedürfnis oder Zielsetzung (1). Der lehrmässige Irrtum wäre in unserem Beispiel einem falschen Sehen des Gegenstandes vergleichbar, während das theoretisch-dogmatische Festhalten am bloss Gedanklichen dem Sehen einer einzigen Seite des Gegenstandes entspräche, wie es ja tatsächlich der Fall ist, wenn der Sehende seinen Standort nicht wechselt; was nun das reingeistige, unmittelbare, innerlich «bewegliche» Verstehen und Durchdringen der Idee anbelangt, so müsste man sie dem beweglichen Anschauen des Gegenstandes vergleichen, was im Grunde einem Einswerden mit den räumlichen Ausdehnungen gleichkommt, denn diese sind es ja, welche die ganze Form eines Gegenstandes enthüllen.

So kommt in den übervernünftig begründeten Lehrsätzen alles auf den «Standpunkt» einerseits und auf den «Anblick» andrerseits an: der Standpunkt des Erkennenden und der Anblick des Erkannten lösen die Wahrheit aus dem Erkenntnisraum, gleichviel ob es sich um eine Teilwahrheit oder einen zusammenfassenden Schlüssel zur Gesamtwahrheit handelt. Dem Lehrsatz kommt für die Erkenntnis keine andere Bedeutung zu als die einer bewirkenden – nicht schöpfenden – Ursache: die Erkenntnis – das Begreifen – tritt plötzlich ein, wie eine Gabe des Himmels, wenn die Vollkommenheit des Lehrsatzes mit derjenigen des Intellektes zusammenklingt; dabei kann der lehrmässige Ausdruck umso einfacher sein, als der verstehende Intellekt vollkommen ist, was den töricht-anmaßenden Begriff einer «primitiven Philosophie» von vornherein entkräftet; das Belächeln – also Nichtverstehen – einer in ihrer Form einfachen Lehre ist nichts weniger als ein Zeichen von Geist, und zeugt höchstens von einer die ganze Wirklichkeit vorwegnehmen wollenden, dafür umso einfältigeren und unwirklicheren Systematik.

Wenn die durch das Reiben zweier Hölzer erzeugte Hitze ihren Höhepunkt erreicht hat, entsteht das Feuer plötzlich und ohne Übergang; so erzeugt auch die lehrmässige Wahrheit plötzlich im aufnehmenden Geiste eine Gewissheit, die durchaus nicht von «schlechthinigen Beweisen» abhängt, sondern auch dann eintreten kann, wenn die Lehre von vielen garnicht als «beweiskräftig» anerkannt wird. Die Wahrheit liegt jenseits aller Beweisführungen unendlich im Menschen, sie ist sein Urgehalt, sein Urstoff, seine letzte Wirklichkeit, – sein «Selbst», das anhand wahrer Begriffe an die Oberfläche des Bewusstseins zünden kann. Die Philosophie im gewöhnlichen Sinne des Wortes sucht hingegen auf der Ebene des blossen Denkens dasjenige zu erreichen, was von vornherein über ihr liegt und auf dieser Ebene ja nur andeutungsweise verwirklicht werden kann, nämlich die Erkenntnis; das Vernunftdenken sucht «Probleme» zu «lösen», ein völlig unsinniges Unterfangen, da die Wahrheit weder ein Problem, noch von der Ratio erschöpfbar ist; es ist, als wolle man von einem Worte verlangen, ganz das zu sein, was es bezeichnet, oder als wolle man den unausgedehnten geometrischen Punkt zeichnen und durch fortwährende Verkleinerungen seine Ausdehnungslosigkeit erreichen. Es kann nicht deutlich genug darauf hingewiesen werden, dass eine Lehre nicht dadurch vollkommen ist, dass sie auf der Ebene des Denkens die unendliche Wahrheit erschöpft, – was wie gesagt keiner Möglichkeit entspricht, – sondern dadurch, dass sie eine Form darstellt, welche dem dazu Befähigten einen Strahl jener Wahrheit übermitteln kann, und dadurch einen Samen der übergedanklichen, seinshaften Erkenntnis. Dem modernen Menschen erscheint jede überlieferungsmässige Weisheit als «naiv», weil er nicht verstehen will, dass Ziel und zureichender Grund einer Weisheit niemals auf der Ebene ihrer formhaften Aussage liegen, und dass es von vornherein keine Vergleichsmöglichkeit und keinen unmittelbaren Zusammenhang gibt zwischen dem Denken, dessen Verkettungen schliesslich ja nur sinnbildliche Bedeutung haben, und der unendlichen Wahrheit, die mit dem «Seienden» eins ist und daher den Denkenden in sich schliesst.

Anmerkung

1. In einer – übrigens nicht einwandfreien – Abhandlung gegen die Philosophen erzählt El-Ghazâlî von einigen Blinden, die noch nie vom Elefanten gehört hatten und eines Tages vor dieses Tier geführt wurden; jeder betastete es und beschrieb es je nach dem Teile, den er berührt hatte: für den einen, welcher das Bein betastet hatte, war der Elefant eine Säule; für den anderen, dessen Hände einen der Stosszähne angefasst, war der Elefant ein Pfahl, und so weiter. Râmakrishna bringt dasselbe Beispiel im Hinblick auf die gegenseitige Ausschliesslichkeit der dogmatischen Systeme, – nicht der Dogmen an sich, die ja notwendige Behälter der Allwahrheit sind.

Zweites Kapitel

Von den Grenzen der Exoterik

Der exoterische Standpunkt ist im Grunde nichts anderes als derjenige des höchsten im Bereiche des Menschlichen liegenden Zieles, nämlich des Seelenheils im Sinne eines ichhaften Fortlebens in überirdischer Seligkeit, nicht im Sinne eines Erlöschens des Ichs im göttlichen Selbst. So ist die exoterische Wahrheit von vornherein und notwendigerweise durch das Menschliche begrenzt, ohne dass jedoch diese Begrenztheit die esoterische Bedeutung und innere Unbegrenztheit derselben Wahrheit ausschlösse, hat doch die Offenbarung gleichzeitig einen äusseren und einen inneren Sinn, von Gott her und ohne Zutun der Menschen; mit anderen Worten: das Dogma ist begrenzte Idee und unbegrenztes Sinnbild zugleich. Zum Beispiel: der Glaubenssatz von der Einzigkeit der Kirche oder vom auserwählten Volke Gottes muss eine Wahrheit wie diejenige der Gültigkeit anderer Religionen ausschliessen, denn das Fürwahrhalten aller Religionsformen ist für das Heil nutzlos und kann diesem sogar insofern schädlich sein, als es bei denjenigen, die sich nicht über die Form zu erheben vermögen, Gleichgültigkeit der eigenen Religion gegenüber und Vernachlässigung der damit verbundenen Pflichten mit sich bringt, wo doch gerade Glaube und Pflichterfüllung die wichtigsten Voraussetzungen des Heiles sind; diese unvermeidliche Einschränkung verhindert aber keineswegs, dass die Wahrheit der Gültigkeit aller an sich orthodoxen Religionen irgendwie in den erwähnten Dogmen von der Kirche und vom auserwählten Volke liegen, denn alle Kundgebungen der Wahrheit und alle von der Wahrheit lebenden Menschen bilden eine Einheit, also eine «Kirche» und ein «Auserwähltes Volk». Auch der Begriff «Ergebung in Gottes Willen» *(Islâm)* drückt auf seine Weise die Gültigkeit aller Offenbarungen aus, und dasselbe lässt sich vom «Ewigen Gesetze» *(Sanâtana Dharma)* der Hindus und allen anderen entsprechenden Begriffen sagen.

Die «äussere» Begrenztheit des Glaubenssatzes, die ihm eben sein dogmatisches Gepräge gibt, ist deshalb berechtigt, weil der rein menschliche Standpunkt, dem diese Begrenztheit entspricht, auf seiner Ebene wirklich ist; insofern nun dieser Standpunkt als naturbedingte Begrenzung eine verhältnismässige Wirklichkeit besitzt, – also nicht insofern er eine höhere, das bloss Menschliche übersteigende Schau verneint, – kann und muss er sich irgendwie in einen rein geistig ausgerichteten Weg einfügen; so besehen setzt die Exoterik, oder vielmehr die Form als solche, nicht mehr eine beschränkte Betrachtungsweise voraus, sondern spielt lediglich die Rolle eines geistigen Hilfsmittels, ohne Beeinträchtigung des esoterischen Gehaltes. Die Rolle des exoterischen Standpunktes ist nämlich nicht zu verwechseln mit derjenigen der in der Exoterik liegenden geistigen Mittel: der genannte Standpunkt ist in ein und demselben Bewusstsein unvereinbar mit der esoterischen Erkenntnis, welche ihn ja auflöst oder vielmehr in die geistige Mitte, den Ausgangspunkt aller Wahrheit, zurückführt; die exoterischen Mittel bleiben jedoch weiterhin verwendbar, und zwar in zweifacher Weise, nämlich sowohl durch geistige Übertragung in den Bereich des Esoterischen als auch durch ordnendes Einwirken in den Bereich des bloss Menschlichen.

Der exoterische Gesichtspunkt muss denn auch, sobald ihn die innere Gegenwart der Esoterik nicht mehr belebt, letzten Endes seine eigene Verneinung mittelbar heraufbeschwören, da die Religion in dem Maße, in welchem sie die Gnosis ausschliesst, zwangsläufig den Unglauben ins Leben ruft: die innere Verengung des Dogmas fällt nun von aussenher auf das Dogma zurück. Umgekehrt verbürgt die Gegenwart des esoterischen Kernes – und des damit verbundenen Höchstmaßes an geistiger Bewusstheit – im Schoße einer Religion dieser eine naturgemässe Entfaltung und ein Höchstmass an Beständigkeit; dieser Kern ist übrigens keineswegs ein Bruchstück der Exoterik, sondern stellt im Gegenteil eine von letzterer streng genommen unabhängige «Ausdehnung» dar (1). Sobald diese «Ausdehnung» oder dieser «Kern» fehlt, – was nur die Folge ganz ungewöhnlicher, wenn auch kosmisch notwendiger Umstände sein kann, – ist das ganze Kulturgebäude erschüttert, stürzt sogar teilweise ein und beschränkt sich schliesslich aufs Äusserlichste, nämlich Buchstabenweisheit und Gefühlsbetonung; die handgreiflichsten Merkmale dieser Verarmung sind denn auch, auf der einen Seite die Verkennung, ja Verneinung der metaphysisch-mystischen Deutung der Schriften, und auf der anderen Seite die Verachtung der heiligen Kunst, welche doch das vom Himmel geschenkte Gewand des lebendigen Geistes ist, und deren Sprache allgemeingültig ist und gleichzeitig die innerste Wahrheit ausstrahlt. Vielleicht könnten wir den wesentlichen Punkt des Problems folgendermassen ausdrücken: schliesst eine Exoterik jegliche Gnosis aus, so läuft sie Gefahr – auch wenn diese ihre Haltung in einer gegebenen Umwelt unvermeidlich ist – mehr und mehr zu einem «undurchsichtigen» Körper zu werden, dessen «Dichte» zwangsläufig zu «Rissen» führt; mit anderen Worten, gibt die Exoterik das heimliche Leben preis, das aus der metaphysisch-mystischen Wahrheit fliesst, so fallen schliesslich, wie schon gesagt, die «veräusserlichten» Folgen ihrer eigenen Begrenztheit von aussenher auf sie zurück.

Dagegen könnte man einwenden, dass das Vorhandensein eines mystischen Lebens – also das Dasein der Heiligen – die Gesundheit der Religion gewährleistet; das ist wahr, aber nur in einer bestimmten Beziehung, weil die Heiligkeit ja nicht notwendigerweise mit einer apriorischen Bewusstheit, einer unterscheidenden, ordnenden, alle Gegebenheiten der Welt und des Geistes einbeziehenden Weisheit zusammenklingt; meist ist die Heiligkeit nur Wunder und Geheimnis, die Spannweite ihrer Segensmacht ist dann auf rein menschlich-seelische Gebiete beschränkt; mit anderen Worten: eine Kulturwelt kann nicht ausschliesslich von dieser oder jener Heiligkeit leben, kann nicht ungestraft einen grundlegenden Modus des Geistes verkennen. Die Scholastik hatte im Grunde bloss eine apologetische, also nach aussenhin gerichtete, nicht geistig wirksame Tragweite; sie war nie Gnosis, kein Heiliger suchte und fand Gott durch beschauliche Versenkung in die scholastischen Lehren; schon ihre Form hatte zu philosophisch-selbstzweckhaftes Gepräge. Die Rückwirkung auf diesen Mangel war, dass aus der Scholastik der Humanismus und die gesamte moderne Philosophie herauswuchs; das hätte sich nicht ergeben, wäre die Scholastik eine vollwertige, ihres metaphysisch-parakletischen Gehaltes, ihrer geistigen Möglichkeiten und Ziele bewusste Gnosis gewesen, – wäre Meister Eckhart nicht vergessen worden und hätte sich die christliche Gnosis des Westens nicht im Schwanengesang eines Jakob Böhme oder eines Angelus Silesius verblutet.

*

Wir erinnern uns, einmal gehört zu haben, dass die Metaphysik zwar eine schöne Sache sei, dass sie aber zum Heile nichts nütze; diese Meinung ist falsch, wenigstens in dieser allgemeinen Form, denn wer von Natur aus Metaphysiker ist, der kann sein Heil unmöglich in der bewussten Verneinung all dessen finden, was ihn zu Gott zieht; jedes geistige Leben muss ja in einer natürlichen, den Modus dieses Lebens bestimmenden Veranlagung wurzeln, oder anders ausgedrückt, in der «Berufung». Dies spricht das Gleichnis Christi von den anvertrauten Pfunden aus, und denselben Sinn haben auch folgende Worte des Jakobus: «Denn so jemand das ganze Gesetz hält und sündigt an einem, der ist's ganz schuldig», und: «Wer da weiss Gutes zu tun, und tut es nicht, dem ist es Sünde»; des Gesetzes höchster Gehalt aber ist, Gott mit unserem ganzen Sein zu lieben, also auch mit dem Intellekt, der unseres Wesens Mitte ist: so wie wir Gott lieben müssen mit allem, was wir sind, so müssen wir ihn auch mit unserem besten Teil, dem Geiste, lieben, – mit «Gott in uns», sofern wir's so nennen können. Wenn die Liebe das Streben eines Wesens zu einem anderen ist, also der Wille zur Einung, dann erwirkt die Erkenntnis die vollkommenste Einung von Mensch und Gott, denn sie weckt am unmittelbarsten dasjenige, was schon im Menschen gewissermassen übermenschlich und göttlich ist, nämlich den reinen Geist; und so ist diese Form der «Gottesliebe» – die Gnosis – die erhabenste, und kein für sie Berufener kann ihr ausweichen ohne «gegen den Geist zu sündigen». Die Behauptung, die Metaphysik sei an sich – und folglich für jeden Menschen – etwas Überflüssiges, sie sei für das Seelenheil keineswegs erforderlich, zeugt nicht nur von einer Verkennung ihres Wesens, sondern auch von einer Unterschätzung jener Menschen, denen Gott die Gabe des geistigen Schauens geschenkt hat, und denen man mit besagtem Urteil eigentlich jegliche Daseinsberechtigung abspricht.

Man könnte ferner folgendes geltend machen: das Heil wird nach aussenhin zwangsläufig als Belohnung für die guten, in den Glauben eingebetteten Werke betrachtet, und das erklärt zur Genüge, warum der schauende Geist – der ja von den äusseren Werken unabhängig ist und sie daher weitgehend überflüssig machen kann – allzuleicht verdächtigt wird; es ist aus dem soeben Gesagten jedenfalls verständlich, warum der Glaubensstandpunkt dazu neigt, die rein beschauliche Geistigkeit – die er übrigens fast nie vom blossen Vernunftdenken unterscheidet – mit der verdienstvollen Tat mehr oder weniger in Gegensatz zu bringen und als heilsgefährlich zu betrachten. In diesem Zusammenhang schreibt man dem Intellekt gerne eine luziferische Seite zu und spricht dann von «geistigem Hochmut», als läge in dieser Wortverbindung nicht von vornherein

ein Widerspruch; daher auch die Verherrlichung des «Kinderglaubens» oder des «Glaubens der Einfältigen», der übrigens unsere Hochachtung verdient, sofern er echt ist, nicht aber, wenn er eine gesuchte und erkünstelte Selbstvertröstung bekundet, – ganz abgesehen davon, dass die «Kindheit» wie die «Demut» einen mystischen Sinn hat, der unendlich mehr besagt als natürliche Kindlichkeit, Einfalt oder Bescheidenheit.

*

Die bedingungslose Forderung, an diese und nicht an jene Religion zu glauben, kann man nur mit bedingten Mitteln zu rechtfertigen trachten, nämlich mit philosophisch-theologischen, geschichtlichen oder gefühlsmässigen Beweisversuchen; nun gibt es überhaupt keinen möglichen Beweis zugunsten dieses Anspruches auf die einzige und ausschliessliche Wahrheit, und jeder Beweisversuch kann nur die jeweiligen menschlichen Voraussetzungen erfassen, also durchaus bedingte Gegebenheiten der menschlichen Seele. Es liegt im Wesen einer jeden exoterischen Blickrichtung, dass die eigene Dogmatik als die einzig wahre und rechtmässige dargestellt werde, und zwar weil die Exoterik in Anbetracht ihrer Zielsetzung – da sie ja nicht die reine Wahrheit um ihrer selbst willen, sondern das höchste Wohl des Ichs will, – keinerlei Vorteil aus dem Wissen um die Wahrheit der anderen Religionen zu ziehen hat; gleichgültig in Bezug auf seine eigene Wahrheit als solche, – das heisst in ihrer metaphysischen Tiefe, – ist der exoterische Glaube anderen Wahrheiten gegenüber noch gleichgültiger, oder er verneint sie vielmehr, und zwar eben weil die Vorstellung mehrerer äusserlich unvereinbarer Wahrheitsformen das ichbetont-ausschliessliche Streben nach dem Seelenheile beeinträchtigen kann.

Man könnte sich indessen die Frage stellen, warum die Gewährsmittel, das heisst die nach aussenhin gerichteten Wahrheits- oder Glaubwürdigkeitsbeweise, um welche man sich in Religionsstreiten bemüht, – denn die Dogmen an sich sind ja nicht *a priori* für jedes mögliche Ursächlichkeitsbedürfnis überzeugend, sondern erfordern je nach den Voraussetzungen verschiedene, Andersgläubigen gegenüber zwangsläufig polemisch zugespitzte Kommentare, – man könnte sich fragen, warum diese Beweisführungen nicht unmittelbar dem göttlichen Willen entspringen wie die dogmatischen und kultischen Forderungen der Religion; diese Frage hat aber nur insofern einen Sinn, als angenommen werden kann, dass das zu Beweisende wahr ist, und eben dies ist nicht der Fall, denn nur der geistige Gehalt kann unbedingte Wahrheit sein, nicht die ausschliessende Form.

Wenn nun also ein unwiderlegbarer Beweis für den exoterischen Anspruch auf den Alleinbesitz der Wahrheit garnicht besteht, muss man dann nicht zur Ansicht neigen, dass auch die Rechtmässigkeit einer Religion nach aussenhin – das heisst unter Bezugnahme auf «artfremde» geistige und seelische Voraussetzungen – überhaupt unbeweisbar ist? Keineswegs: denn jede Offenbarungsform enthält einen unbedingten Beweis ihrer inneren Wahrheit und somit ihrer Rechtmässigkeit; was mangels unbedingter Beweise unbeweisbar ist, das ist nicht die innere Wahrheit einer Form, sondern lediglich die Annahme, diese Form sei allein wahr und rechtmässig, – ein Irrtum, der als solcher eben nicht als wahr bewiesen werden kann. Hingegen gibt es wie gesagt unwiderlegbare und allgültige Beweise der Wahrheit einer Religion; allein, diese Beweise, die in erster Linie metaphysischer Natur und dabei die einzigen sind, welche eine offenbarte Wahrheit nach aussenhin unbedingt zu stützen vermögen, enthalten zugleich – und eben deshalb – die Verneinung des Ausschliesslichkeitsanspruches der Formen; mit anderen Worten, wer den Wahrheitswert einer Religion über ihren Rahmen hinaus beweisen will, der hat entweder keine Beweise, weil es diese im ausschliesslichen Sinne nicht gibt, oder er hat nur solche, die jede andere offenbarte und überlieferte Geistesform in gleicher Weise bejahen. Es muss hier betont werden, dass wir keineswegs die innerhalb einer gegebenen Religion wirksamen und für diese Religion gültigen Wahrheitsbeweise in Frage stellen; es handelt sich hier einzig und allein um allgültige, über den Rahmen der gegebenen Religion hinaus zwingende Gewährsmittel.

Jede Offenbarungswahrheit tritt notwendigerweise in einer Form auf, nämlich in ihrer durch die menschliche Empfangsebene, den geistig-seelischen Behälter bedingten «mythologischen» Ausdrucksweise; dass aber eine Form einen einzigen und ausschliesslichen Wert besitze, – nicht bloss in einem bestimmten Umkreis, wo die Einzigkeit eines Wertes möglich ist, sondern überhaupt, – das ist eine metaphysische Unmöglichkeit: denn eine Form kann niemals einzig und ausschliesslich sein, ist also nie die einzige Ausdrucksmöglichkeit dessen, was sie ausdrückt. Wer «Form» sagt, der sagt Artheit und Unterschiedlichkeit; das Artliche, das jeder Form zukommt, ist die besondere Daseinsweise einer allgemeinen Möglichkeit, einer Art, das heisst eines Bereiches, der verschiedene sich entsprechende Daseinsweisen umfasst, oder besser gesagt, der seine Möglichkeiten in verschiedenen besonderen Formen kundgibt. Oder ferner: das Begrenzte, das als solches durch Ausschluss des ausserhalb seiner Grenzen Liegenden besteht, muss diesen Ausschluss durch eine Wiederbejahung seiner selbst ausserhalb seiner Schranken aufwiegen, und das bedeutet, dass das Vorhandensein anderer begrenzter Dinge in der Begriffsetzung des Begrenzten selbst schlechthin enthalten ist. Wer behauptet, eine Begrenztheit, wie zum Beispiel eine Form an und für sich, sei in ihrer Art einzig und schliesse somit das Dasein anderer, ihr entsprechender Formen aus, der schreibt ihr die Einzigkeit des Daseins selbst zu; nun wird aber niemand bestreiten können, dass eine Form immer begrenzt und dass eine Religion immer eine Form ist, – allerdings nicht in ihrer inneren allumfassenden und daher überförmlichen Wahrheit, sondern in ihrer Ausdrucksweise; diese ist als solche unvermeidlich formgebunden, also artlich und begrenzt. Es darf wie gesagt nie ausser acht gelassen werden, – und wir wiederholen es wegen seiner grundlegenden metaphysischen Bedeutung, – dass die Form, eben weil sie begrenzt ist, zwangsläufig etwas ausserhalb ihrer selbst lässt, nämlich dasjenige, was ihre Grenze ausschliesst: und dieses Etwas, wenn es gleicher Art ist, muss jener Form vergleichbar sein, da die Unterschiedlichkeit der Formen durch eine Unterschiedslosigkeit ausgeglichen werden muss, also durch ein verhältnismässiges Einssein, eine Gleichheit, ansonsten die Formen ganz und gar verschieden voneinander wären, was auf eine Vielfalt von «Einzigkeiten» oder «Daseinen» hinausliefe; jede Form wäre dann eine Art Gottheit ohne die geringste Beziehung zu anderen Formen.

So stösst denn der exoterische Anspruch auf den ausschliesslichen Besitz der Wahrheit, wie wir soeben gesehen, auf den axiomatischen Einwand, dass es keine Tatsache gibt, die einzig wäre, denn das Vorhandensein einer solchen Tatsache ist schlechtweg unmöglich; die Einzigkeit allein ist einzig, und eine Tatsache kann nicht die Einzigkeit sein; das eben verkennt die bloss «gläubige» Begriffswelt, welche im Grunde auf einer zweckdienlichen, aber selbstverständlich durchaus unbewussten Verwechslung zwischen dem formhaften Ausdruck und dem überförmlichen Inhalt beruht. Die in einer Offenbarungsform auftretenden Ideen – wie die Idee des Logos oder diejenige der göttlichen Einheit – können unmöglich nicht auch in anderen Offenbarungsformen irgendwie auftreten; und ebenso: je wichtiger und unentbehrlicher ein geistiges Mittel ist, desto unvermeidlicher muss es sich innerhalb jeder wirklichen Offenbarung wiederfinden, – also innerhalb jeder Weltreligion, – wenn auch in einer der betreffenden Umwelt angeglichenen Weise.

Wir können das Gesagte in folgendem Satze zusammenfassen: die unbedingte Wahrheit findet sich nur jenseits ihrer gesamten möglichen Ausdrucksweisen; diese Ausdrucksweisen haben als solche keinen Anspruch auf die Eigenschaften dieser Wahrheit; ihre verhältnismässige Entfernung vom göttlich Wahren tut sich in ihrer Unterschiedlichkeit und Vielfalt kund, durch welche sie zwangsläufig begrenzt werden.

*

Die metaphysische Unmöglichkeit des Alleinbesitzes der Wahrheit durch irgendwelche lehrmässige Form lässt sich auch folgendermassen ausdrücken: dass Gott den Zerfall und die Entartung mancher Kulturen zugelassen hat, nachdem er ihnen Jahrtausende geistigen Lebens gewährt, das widerspricht keineswegs der göttlichen Natur; desgleichen, dass die ganze Menschheit, nachdem sie jahrtausendelang in einer Art gesunden Gleichgewichtes gelebt, eine verhältnismässig kurze Zeitspanne der Verdunkelung erleiden muss, auch das stimmt mit Gottes «Handlungsweise» überein, wenn man so sagen darf; dass hingegen Gott, der doch das Wohl seiner Geschöpfe will, den weitaus grössten Teil der Menschheit – einschliesslich der geistig Begabtesten – seit Jahrtausenden in den Finsternissen tödlicher Unwissenheit habe schmachten lassen, und dass er, um das Menschengeschlecht zu retten, ein in seiner äusserlichen und innerlichen Wirkung so untaugliches Mittel habe wählen können wie eine neue Religion (2), die doch, lange bevor sie alle Menschen erreichen konnte, nicht nur unvermeidlicherweise immer «ortgebundener» und zugespitzter werden musste, sondern sogar in ihrer ursprünglichen Umgebung teilweise verdarb und zusammenbrach, – dass Gott so habe handeln, oder dass er keinen wirksameren Weg habe finden können, – das ist zweifellos eine widersinnige und ungeheuerliche Meinung: denn das heisst ja die Natur Gottes, seine Güte und Barmherzigkeit gerade da ausser acht lassen, wo sie in Wirklichkeit notwenigerweise zutage tritt.

Oder auch: dass Gott der menschlichen Verblendung erlaubt

hat, im Schosse geistig rechtmässiger Kulturen ketzerische Lehren hervorzurufen, das ist den göttlichen, die gesamte Schöpfung beherrschenden Gesetzen angemessen; dass es aber Gott einer Religion, die von einem Menschen erfunden worden wäre, hätte gestatten können, einen Teil der Menschheit zu erobern und sich über tausend Jahre lang auf einem Viertel des bewohnten Erdkreises zu behaupten und so den guten Glauben, die Jenseitshoffnung und die Gottesliebe zahlloser aufrichtiger und eifriger Seelen zu täuschen, – auch das widerspricht den Gesetzen der göttlichen Barmherzigkeit, oder sagen wir einfach: den Gesetzen der Allmöglichkeit.

Das Erlösungswerk ist eine ewige Tat, die weder zeitlich noch räumlich festgelegt werden kann; das Opfer Christi ist eine besondere Kundgebung oder Verwirklichung dieser Tat auf der menschlichen Ebene; die Menschen konnten – und können – sowohl vor wie nach dem Werke Christi an der kosmischen Wirklichkeit der zeitlosen Erlösung teilhaben, das heisst ausserhalb der sichtbaren Kirche sowohl als in ihrem Schosse.

Hätte Christus die einzige Herabkunft des Logos sein können, – also angenommen, diese Einzigkeit einer Kundgebung sei überhaupt möglich, – dann hätte seine Geburt als Einbruch des schlechthin Einzigen in die Vielheit zur Folge gehabt, dass das Weltall zerberste und in Asche zerfalle.

*

Es ist vorgekommen, dass Religionsstifter und grosse Heilige, unbeschadet ihres grundsätzlichen Wissens um die allumfassende Geltung der Wahrheit, genötigt waren, diese oder jene Religionsform äusserlich zu verneinen; man muss hier einerseits den unmittelbaren Anlass zu diesem Verhalten und andrerseits dessen sinnbildliche Bedeutung in Betracht ziehen, wobei die Sinnbildlichkeit dem äusseren Anlass überzuordnen ist: wenn Abraham, Moses, Christus und Mohammed das jeweilige «Heidentum», dem sie gegenüberstanden, verneint haben, so geschah dies, weil es sich da um Religionen handelte, welche sich selber überlebt hatten und die im Grossen und Ganzen bloss leere Formen ohne geistiges Leben, manchmal sogar zu Trägern finsterer, magisch-dämonischer Einflüsse geworden waren; der Religionsstifter – der ja selber das lebendige Heiligtum der zeitlosen und ewigjungen Wahrheit ist – schuldet solch toten, zur Erfüllung ihrer ursprünglichen Bestimmung untauglich gewordenen Formen keine Schonung. Andrerseits aber ist dieses ablehnende Verhalten der Wortführer Gottes sinnbildlich, und darin liegt ihr tiefster und eigentlich wahrster Sinn: denn wenn diese Haltung bestimmt nicht die esoterischen Kerngemeinden betreffen konnte, die inmitten erschöpfter und ihres Geistes entleerter Kulturen weiterlebten, – etwa die Pythagoräer, Neuplatoniker und Essäer, – so richtet sie sich doch unbedingt gegen ein allgemein menschliches, überall auftauchendes «Heidentum»; eine Verirrung des inneren Menschen, nicht bloss des äusseren, zum Diesseitigen, Weltlichen, Sinnlichen und Oberflächlichen. Nicht umsonst schreibt Christus den «Heiden» plapperndes Beten und grob-irdische Gesinnung zu; ganz ähnlich werden sie im Alten Testament und im Koran beurteilt (3).

In diesem Zusammenhange, aber auf anderer Ebene, kann auch folgendes gesagt werden: wenn der Islam die ihm vorausgegangenen monotheistischen Glaubensformen mehr oder weniger ablehnen musste, so lag der unmittelbare Grund dazu in den formhaften Beschränkungen dieser Religionen; so konnte das Judentum der Menschheit des Nahen Ostens nicht als Träger des Monotheismus dienen, da die Form der jüdischen Religion einen Grad der Verengung und Zuspitzung erreicht hatte, der sie zur Ausbreitung unfähig machte. Was das Christentum anbetrifft, so entwickelte es sich in der Richtung der seelisch-geistigen Gegebenheiten des Abendlandes und sonderte sich dadurch weitgehend vom Osten ab; auch hatte es gerade in Kleinasien, wo dann der Islam entstehen sollte, allerlei häretisch-manichäische Entgleisungen ausgelöst, die den Nahen Osten, ja sogar Indien, der Gefahr einer Überflutung durch ihr geisttötendes Sektenwesen aussetzten. Krass ausgedrückt prägt sich dem arabischen Bewusstsein das Christentum in folgenden Behauptungen ein: «Gott ist Christus; Gott ist in absolutem Sinne dreiheitlich; Maria ist Mitgöttin»; mit anderen Worten: die christliche Dogmatik entsprach im allgemeinen weder den Gegebenheiten noch den Bedürfnissen der morgenländischen Seele. Andrerseits muss gesagt werden, dass die Koranstellen, welche von Christen, Juden, Sabiern und Heiden reden, eine sinnbildliche und allgemein menschliche Bedeutung haben: wenn es zum Beispiel heisst, Abraham sei weder Jude noch Christ, sondern *hanîf* – «rechtgläubig» oder «urgläubig» – gewesen, so sind die Namen «Jude» und «Christ» Hinweise auf allgemeine Geisteshaltungen, nämlich diejenigen, welche sinnbildlich in den formhaften Einschränkungen der jüdischen und christlichen Dogmatik zutage treten, wenigstens vom Islam aus gesehen; die innere Geistigkeit und «Rechtgläubigkeit» von Juden- und Christentum steht hier ausser Frage. Und ebenso: wenn Christus den Heiden ihr plapperndes Beten und den Pharisäern ihre Scheinheiligkeit vorwirft, so heisst das nicht, dass alle Römer und Griechen plapperten und dass alle Pharisäer scheinheilig waren; bestimmt heisst es aber, dass es überall plappernde Heiden und scheinheilige Pharisäer gibt.

So seltsam es klingen mag, muss hier gesagt werden, dass das Fehlurteil einer Religion über eine andere irgendwie notwendig ist, da in gewisser Beziehung gerade dasjenige, was eine Religion von einer anderen – oder allen anderen – unterscheidet, ihre Notwendigkeit und Daseinsberechtigung ausmacht; die Vorsehung duldet keinerlei Vermischung der verschiedenen Offenbarungsformen, seitdem es diese Verschiedenheit gibt, das heisst, seitdem sich die eine Urmenschheit in verschiedene «Menschheiten» aufgeteilt und sich von der einen Urreligion losgelöst hat; diese Urreligion lebt innerhalb jeder Esoterik oder auch innerhalb jeder Art von Heiligkeit weiter, und diese beiden Elemente, Esoterik und Heiligkeit, stellen grundsätzlich die einzigmögliche Einheitsreligion dar. So ist zum Beispiel die islamische Fehldeutung der christlichen Dreifaltigkeit von der Vorsehung gewollt, denn die Lehre, welche diesem Glaubenssatze innewohnt, ist esoterisch und daher nicht ohne weiteres der Exoterik einverleibbar; der Islam musste aus diesem Grunde der Ausbreitung dieser nicht überall allgemein lebensfähigen Idee Schranken setzen, denn einerseits löste sie unter den Arabern allzuleicht manichäisch-polytheistische Irrtümer aus, – war ja der arabische Geist nicht das vorgesehene Gefäss für diese besondere Form von Gotteslehre, – und andrerseits ist die innere Wahrheit der Dreieinigkeit esoterisch auch im Islam enthalten, sodass die Ablehnung eine rein formmässige ist (4).

Wenn wir vom Gedanken ausgehen, dass eine Religion stets für eine bestimmte, zwar nicht immer rassisch einheitliche, jedoch durch gleichartige seelische Voraussetzungen gekennzeichnete Menschengruppe gemacht ist, – und diese Bedingungen können sehr vielgestaltig sein, wie es die Welt des Islams zeigt, – so kann uns nicht zu Recht entgegengehalten werden, dass es ja bei fast allen Völkern, also unter den verschiedensten Bedingungen, Christen gibt, oder was solcher Einwände mehr sind; die Notwendigkeit einer besonderen Offenbarungsform hängt nicht von der Frage ab, ob es im

Schosse der Gemeinschaft, welcher diese Form gilt, Einzelne oder Gruppen gibt, die sich einer anderen Form anpassen könnten, – denn das ist nicht bestreitbar, – sondern einzig von der Frage, ob die Gesamtheit der besagten Gemeinschaft zu dieser Anpassung berufen wäre; um beispielsweise die Rechtmässigkeit des Islams in Zweifel ziehen zu dürfen, genügt keineswegs die Feststellung, dass es seit jeher christliche Araber gegeben hat, denn die einzige sich hier stellende Frage ist die, was aus einem von allen Arabern getragenen Christentum geworden wäre.

Die Gottheit tut ihre Persönlichkeit – ihr «Sein» – mittels dieser oder jener Offenbarung kund, und ihre Überpersönlichkeit durch die mannigfaltigen voneinander unabhängigen Gestaltungen des Ewigen Wortes.

*

Die heiligen Schriften enthalten die letzte Weisheit in der zusammenfassenden, sinnbildlichen und daher vielsinnigen Form, welche dem Gotteswort gebührt; die Sprache der leibgewordenen Gottheit hat unvermeidlich das Gepräge des Unbedingten, und zwar kraft einer den «Gottmenschen» eigenen «Ichwerdung» der göttlichen Wahrheit (5). So hatte denn Christus den ausserhalb seiner Sendung liegenden Tatsächlichkeiten nicht Rechnung zu tragen; er hatte nicht etwa ausdrücklich zu erwähnen, dass es ausserhalb der seiner Botschaft zugewiesenen «kranken» Pharisäer- und Heidenwelt auch «gesunde» Geisteswelten gibt, die «des Arztes nicht bedürfen»; ebensowenig hatte er darzutun, dass er durch seine Selbstbezeichnung als «Weg, Wahrheit und Leben» – im unbedingten, grundsätzlichen Sinne – keineswegs die kosmische Kundgebung des Logos einzuschränken gedachte, sondern dass er durch diese Worte vielmehr sein Einssein mit dem Logos ausdrückte; dessen kosmische Kundgebung «lebte» Christus in seiner «Ichheit» (6). Und das erklärt, warum der Gottmensch sich nicht vom Standpunkte der bedingten Daseinsinhalte aus betrachten kann, wenngleich dieser Standpunkt jeder menschlichen Natur innewohnt und gelegentlich ausgesprochen werden muss, etwa im Worte: «Gott allein ist gut».

Wenn Christus sich wie jede Offenbarung in einem absoluten Sinne ausdrückt, so heisst dies, dass er durch anscheinend Beiläufiges Wesentliches oder durch bloss Tatsächliches Grundsätzliches zum Ausdruck bringt: so ist in seiner Sprache die Zerstörung Jerusalems wesenhaft eins mit dem Jüngsten Gericht, ein bezeichnendes Beispiel der zusammenfassenden, wesenhaften und unbedingten Betrachtungsweise des Gottmenschen. Die Tragweite des Umstandes, dass in Christus das Absolute selbst spricht, dass es in ihm «Ich» wird und die Tatsächlichkeit des Menschen Jesus – und alles mit ihr schicksalhaft und vorsehungsmässig Verknüpfte – in die göttliche Unbedingheit einbezieht, lässt sich anhand folgenden Beispiels erläutern: wer dächte, wenn von der Sonne die Rede ist, dass der bestimmte Artikel vor dem Wort «Sonne» die Leugnung anderer Sonnen im Raume bedeutet? Was uns erlaubt, von der Sonne zu sprechen, ohne ausdrücklich hervorzuheben, dass es sich um eine unter anderen Sonnen handelt, ist doch gerade der Umstand, dass die Sonne für unsere Welt tatsächlich «die Sonne» ist; und eben in dieser Eigenschaft, nicht aber insofern sie eine Sonne unter anderen ist, spiegelt sie die göttliche Einzigkeit wider. Und ebenso: eine göttliche Menschwerdung hat ihren zureichenden Grund in ihrer sinnbildlichen, für die betreffende Welt auch tatsächlichen Einzigkeit, die sie von der göttlichen, eben in ihr fleischgewordenen Einzigkeit bezieht, und nicht in ihrer Eigenschaft als besondere Tatsache, welche sie zwangsläufig als kosmische Kundgebung (7) mit allem Kosmischen teilt.

*

Gott hält mehr, als was er verspricht, niemals weniger; er gibt manchmal die himmlische Wahrheit anstelle einer geopferten irdischen, nie umgekehrt, wie es etwa die moderne Wissenschaft tut. Eine irdische Wahrheit – eine Tatsache – kann wohl der Ausgangspunkt dieser oder jener Religionsmythologie sein, sie kann aber dabei für ein anderes Offenbarungssystem als gleichgültig oder selbst als «artfremd» gelten. Was für Gott und unser Heil in die Waagschale fällt, das ist die wesentliche und erlösende Wahrheit, nicht die Formensprache an sich, also auch nicht die Tatsachen als solche. Eine Geistes- und Gnadenquelle muss manchmal auch durch Verneinung fremder Wahrheiten und Werte in ihrer einmaligen Eigenart beschützt werden, so wie ein Fluss stets einer gewissen Einengung bedarf, um fliessen zu können.

Die absolute Wahrheit liegt nur in der Tiefe, nicht auf der Oberfläche des Seins. Eine Religion schliesst die andere aus, wie ein Ich das andere ausschliesst, – auf dieselbe Weise und aus demselben

Grunde. Eine Religionsmythologie, – das heisst die geschichtlichen Gegebenheiten und übergeschichtlichen Sinnbilder, welche sich zu einem besonderen Weltbilde verweben und das kennzeichnende «Bilderbuch» einer Religion ausmachen, – eine solche «Mythologie» ist im Verhältnis zur bildlosen metaphysischen Wahrheit, was eine geometrische Figur im Verhältnis zum Raume ist: jede geometrische Urform – Punkt, Kreis, Kreuz, Viereck, Spirale, Stern – ist ein richtiges Bild des gesamten Raumes, aber jede schliesst die anderen aus.

Im leeren Raume ist jeder Punkt die Mitte und folglich der Ausgangspunkt eines sinnbildlich gültigen Masstabes; hingegen kann kein Masstab des Raumes Anspruch auf unbedingte und «unendliche» Richtigkeit erheben, denn sonst wäre er der Raum selber, schlösse auch die anderen Masstäbe oder Sinnbilder nicht aus. Wenn nichts das Bild vom Abgebildeten unterscheidet, dann ist das Bild das Abgebildete selber, es gibt kein Bild mehr. Die jeweiligen Ausgangspunkte der Religionsmythologien, – Weltschöpfung, Fleischwerdung Gottes, Gottgesandte als Verkünder der Einheit, Dasein als Schein oder als Leiden, – all diese Ideen sind mehr oder weniger mittelbare Anhaltspunkte oder Massrichtungen im unermesslichen metaphysischen Raume.

Anmerkungen

1. In Bezug auf das Sufitum sei folgende Betrachtung eines moslemischen Fürsten Indiens wiedergegeben: «Die Mehrheit der Nicht-Mosleme und sogar manche im Geiste der europäischen Kultur erzogene und ausgebildete Mosleme wissen nichts von jenem besonderen Bestandteil des Islams, welcher dessen Mark und Mitte bildet, seinen Formen und äusseren Fähigkeiten wahrhaft Leben und Kraft einflösst und dank dem allumfassenden Wesen seines Inhaltes die Anhänger der anderen Religionen als Zeugen anrufen kann.» (Nawab A. Hydari Hydar Nawaz Jung Bahadur, in seinem Vorwort zu Khaja Khan's *Studies in Tasawwuf.*)

2. Der chinesische Kaiser, welchem die ersten christlichen Missionare vorgestellt wurden, sagte ihnen folgendes: «Wenn die Kenntnis Jesu zum Heile notwendig ist, und wenn Gott uns mit gutem Willen retten wollte, wie konnte er uns da so lange im Irrtum lassen? Es sind mehr denn sechzehn Jahrhunderte her, dass eure Religion in der Welt ist, und wir wussten nichts davon. Ist China denn so geringfügig, dass man seiner nicht zu gedenken braucht, während so viele Barbaren erleuchtet sind?» – Gewisse Stellen des Neuen Testamentes zeigen, dass die «Welt» für das Christentum sich mit dem Römischen Reiche deckt,

welches den von der Vorsehung gewollten Entfaltungs- und Lebensraum der christlichen Menschheit darstellt; so konnte Lukas schreiben, oder vielmehr der Heilige Geist in ihm: «Es begab sich aber in jenen Tagen, dass vom Kaiser Augustus ein Befehl erging, dass der ganze Erdkreis sich einschätzen lassen sollte» *(ut describeretur universus orbis);* und darauf spielt Dante an, wenn er in «De Monarchia» von der «Zählung des Menschengeschlechtes» *(in illa singulari generis humani descriptione)* spricht, oder wenn er sagt: «Durch diese Worte können wir deutlich verstehen, dass die allumfassende Gerichtsbarkeit über die Welt den Römern gehörte», und weiter: «Ich behaupte somit, dass das römische Volk ... die Rechtsgewalt über alle Sterblichen ... erworben hat.»

3. Das Heidentum entsteht durchaus nicht immer aus Veräusserlichung und Vergröberung der Religion, sondern manchmal wird es durch ausgesprochene Brechung derselben hervorgerufen: das goldene Kalb in der Bibel, sowie alle anderen Fälle israelitischen Götzendienstes, zeigen dies zur Genüge; im gleichen Sinne können auch die altarabischen Götzen erwähnt werden, die verschiedenster Herkunft und alles andere als eine blosse Entartung der urarabischen Überlieferung waren. Was wirkliches Heidentum ist, das sagt das Evangelium mit folgenden Worten: «Darum sollt ihr nicht sorgen und sagen: Was werden wir essen? Was werden wir trinken? Womit werden wir uns kleiden? Nach solchem allem trachten die Heiden.» Wenn die eigennützige und geisttötende Weltlichkeit und die hohle Selbstgerechtigkeit Kennzeichen des Heidentums sind, dann können die bis heute lebendig gebliebenen Geisteskulturen Asiens unmöglich an sich als heidnisch gelten.

4. Dazu muss noch bemerkt werden, dass die im Koran den Christen mittelbar zugeschriebene Vergöttlichung Jesu und Mariä zu einer «Dreifaltigkeit» Anlass gibt, die vom Koran übrigens nirgends als die christliche Gottesidee als solche dargestellt wird, aber nichtsdestoweniger auf geistigen Wirklichkeiten und geschichtlichen Tatsachen fusst: diese Dreiheit – Gott, Jesus, Maria – bezieht sich auf die Auffassung Mariä als «Mutter Gottes» und «Miterlöserin», eine Idee, die esoterisch und daher der islamischen Glaubenslehre nicht einverleibbar ist, und ferner auf den tatsächlich zum Marianismus gesteigerten Marienkult, welcher im Lichte der islamischen Einheitslehre einer teilweisen Erschleichung des Gotteskultes gleichkommt; dazu kam schliesslich der von gewissen östlichen Sekten mit Maria getriebene, eng mit dem arabischen Heidentum verwandte Götzendienst. Nun kann aber andrerseits – wie der Sufi Abd El-Karîm El-Dschîlî ausführt – die im Koran erwähnte «Dreifaltigkeit» esoterisch gedeutet werden, – sprachen doch die Gnostiker den Heiligen Geist als «göttliche Mutter» an, – und was dann im Koran mittelbar den rechtgläubigen Christen und unmittelbar den ketzerischen Marienanbetern vorgeworfen wird, ist beziehungsweise nur die dogmatische Veräusserlichung und die Entstellung dieses esoterischen Sinnes; man kann auch noch von einem anderen Gesichtspunkt aus sagen, – was übrigens durch das Vorhandensein der erwähnten Ketzer zur Genüge bezeugt wird, – dass die koranische «Dreifaltigkeit» als äusseres Dogma eigentlich dem entspricht, was bei den Arabern aus den christlichen, für sie nicht geschaffenen Dogmen geworden wäre, und zwar infolge unvermeidlicher Anpassungsfehler.

5. Guénon erläutert diese «Ichwerdung» mit folgenden Worten: «Das Leben gewisser Wesen, so wie es in der ichmässigen Betrachtungsweise erscheint, weist Tatsachen auf, die mit solchen des kosmischen Bereiches übereinstimmen und gewissermassen, von aussen betrachtet, ein Bild oder eine Wiedergabe des letzteren sind; von innen besehen muss dieses Verhältnis jedoch umgekehrt werden, denn diese Wesen sind in Wirklichkeit der *Mahâ-Purusha:* folglich sind es die kosmischen Tatsachen, die eigentlich dem Leben dieser Wesen nachgebildet sind, oder, um genauer zu reden, die demjenigen nachgebildet sind, wovon dieses Leben unmittelbarer Ausdruck ist, und wovon die kosmischen Tatsachen als solche nur einen gespiegelten Ausdruck darstellen können.» *(Réalisation ascendante et descendante, in Etudes Traditionnelles,* März 1939.) – Von diesem Passus abgesehen, muss hier bemerkt werden, dass der Verfasser mit diesem Aufsatz Guénons nicht einverstanden ist.

6. Ein sufisches Wort lautet: «Keiner kann Gott begegnen, der nicht vorher dem Propheten begegnet ist»; das heisst: niemand gelangt zu Gott, es sei denn durch Vermittlung des Ewigen Wortes, wie immer sich letzteres offenbaren möge; oder, im metaphysisch-mystischen Sinne: niemand gelangt zum göttlichen «Selbst», es sei denn über die Vollkommenheit des menschlichen «Ichs». Es muss betont werden, dass der Ausspruch: «Ich bin der Weg, die Wahrheit und das Leben» nur vom göttlichen Worte unbedingt wahr ist und auf seine menschliche Kundgebung bloss verhältnismässig zutrifft, – nicht in dem Sinne, dass Christus nicht durchaus Weg, Wahrheit und Leben wäre, sondern in dem Sinne, dass eine unbedingte Wahrheit sich nicht auf ein bedingtes Wesen beschränken kann.

7. Das hat Christus mit den Worten «Gott allein ist gut» ausgedrückt: da «gut» jede mögliche Bejahung bedeutet, also jede göttliche Eigenschaft, besagt dieser Ausspruch auch, dass «Gott allein einzig ist», was hinüberleitet zum lehrlichen Grundsatz des Islams: «Es gibt keine Gottheit (oder Wirklichkeit), es sei denn die (einzige) Gottheit (oder Wirklichkeit).»

Drittes Kapitel

Erscheinungsweisen der Esoterik

Viele Schriftworte, so zum Beispiel die Worte Christi an Nikodemus und an den reichen Jüngling, beschreiben den Unterschied von Exoterik und Esoterik, und zwar meist im weitesten Sinne, denn es handelt sich dabei nicht ausschliesslich um Gnosis, sondern vor allem um Liebe, oder besser gesagt: um die Gottesliebe, die beides bedeutet. Wenn auch die Gnosis im reinsten und vollsten Sinne Esoterik ist, so darf nicht vergessen werden: auch die Liebe durchbricht und verbrennt auf ihre Weise die Formen, den «Reichtum», die «Welt»; sie verbrennt die Welt und lässt nur Gott bestehen, und übersteigt daher grenzenlos die blosse Gesetzestreue.

Nach sufischer Lehre hat Christus nur eine Esoterik *(haqîqah,* «innere Wahrheit») gebracht, keine Exoterik *(sharî 'ah,* «Weg», «äusseres Gesetz»); das geht in der Tat nicht nur aus dem Evangelium hervor, etwa aus den Geboten Christi, deren Tragweite rein geistig ist, sondern auch aus dem Wesen der Sakramente; ohne diese Eigenart wäre das Christentum gar nicht denkbar (1). Und doch ist das Christentum eine Religion, kein geheimes Mysterientum wie etwa der Pythagorismus; es richtet sich an Menschen aller Begabungen und Berufungen, ist eine Weltbotschaft, kann also nicht in seiner Form als eine Gnosis erscheinen und muss folglich ein Weg der Liebe sein, ein Weg, der grundsätzlich allen offen steht, tatsächlich aber nur von wenigen «Auserlesenen» seinem tiefen Sinne gemäss erlebt wird; andererseits ist aber gerade deshalb, weil das Christentum Weltreligion ist, auch der Weg der Erkenntnis notgedrungenerweise in ihm enthalten, wenn auch nicht in einer dem *Vedânta* durchaus entsprechenden Form. All dies bedeutet, dass das Christentum kaum durch sein Wesen, sondern vielmehr durch Verbreitung und Anpassung – also eher *de facto* als *de iure* – eine Exoterik ist; eine solche kann Gesetzesgehorsam fordern, nicht aber Gottesliebe; sie kann die Form von «zehn Geboten» annehmen, nicht aber wie der heilige Bernhard sprechen: «Die Seele, welche Gott liebt, will keinen anderen Lohn für ihre Liebe als Gott; sowie sie anderes will, hört sie auf, zu lieben».

Wenn daher von «christlicher Esoterik» die Rede ist, so kann dies nur folgendes bedeuten: entweder man spricht vom asketisch-mystischen Pfade der Liebe, welcher seinen Ausgangspunkt in der allgemeinen Form des Christentums hat; oder man spricht vom beschaulich-metaphysischen Pfade der Erkenntnis, der Gnosis, die in erster Linie lehrmässig ist und grundsätzlich die Formen übersteigt, ohne ihnen aber jemals in ihrer wesentlichen Sinnbildlichkeit zu widersprechen (2); oder auch, man meint esoterische Überlieferungen vorchristlichen Ursprungs, welche jedoch der christlichen Kultur einverleibt wurden, nämlich die Alchimie oder hermetische Kunst und somit das alte Rosenkreuzertum und dann das Zunft- und Bauhüttenwesen. Irrig wäre es, unter «christlicher Esoterik» die Kabbala – also die jüdische Esoterik – zu verstehen, denn das Vorhandensein kabbalistischer – wie auch neuplatonischer – Bestandteile im Christentum erklärt sich zur Genüge aus dessen Umgebung und kann selbstverständlich nichts daran ändern, dass die innerste Wahrheit hier wie überall vom Religionsstifter kommen muss, weil sie aus Gründen kosmischer und geistiger Notwendigkeit nur von ihm und nicht von aussenher kommen kann.

Wenn nun das Urchristentum Esoterik ist, mit welchem Recht und kraft welcher Grundsätze war es ihm möglich, die Rolle einer Exoterik zu übernehmen und Religion zu werden? Liegt darin nicht ein Widerspruch, eine Unfolgerichtigkeit, ja eine Art Verrat am Heiligen? Darauf ist zu antworten, dass das Christentum in der Tat eine Ausnahme bildet, dass diese aber keineswegs willkürlich oder zufällig ist, denn das «Innere» muss manchmal ganz hervortreten, muss auf der Ebene des «Äusseren» erscheinen, und zwar laut einem bestimmten Gesetz geistiger Kundgebung und ungeachtet der Verständnislosigkeit der menschlichen Umgebung; deshalb heisst es: «Und das Licht leuchtete in der Finsternis, und die Finsternis hat's nicht begriffen.» Wir könnten uns auch folgendermassen ausdrükken: wenn die Esoterik nicht für alle da ist, dann vergleichsweise deshalb, weil das Licht nur bestimmte Körper und keine anderen durchdringt: wenn aber andrerseits die Esoterik sich manchmal im grellen Tage enthüllen muss, – wie es eben bei Christus der Fall war (3), – dann ist es vergleichsweise deshalb, weil die Sonne unterschiedslos alles beleuchtet, das Schlechte wie das Gute. Wenn also «das Licht in der Finsternis leuchtet», dann geschieht dies, weil es dadurch eine seiner kosmischen Möglichkeiten kundgibt; eine Möglichkeit der Kundgebung aber ist ein Anblick der unbedingten

Notwendigkeit des Seins, ist folglich etwas, was nicht «nicht sein» kann, was unbedingt sein muss, ganz abgesehen von aller rein menschlichen Fragestellung, also abgesehen davon, dass «die Finsternis es nicht begriffen» hat.

Damit aber ein solches Hervorbrechen des Innersten, wie das Christentum es im monotheistischen Zyklus darstellt, eintrete, muss auch auf menschlicher Seite ein zureichender Grund vorhanden sein, und in der Tat: in der Welt, für welche jenes Hervorbrechen des Innersten geschah, gab es kein anderes allgemeingültiges Mittel des Heils mehr, kein anderes Mittel, den furchtbaren geistigen Niedergang der Mehrheit aufzuhalten; aber gleichzeitig sollte dieses unerhörte Gnadenwunder auch der Anstoss werden für einen viel später eintretenden, von der Vorsehung gewollten, weil kosmisch notwendigen Zerfall, «damit die Schrift sich erfülle» und weil «das Ärgernis kommen muss»: das ist der Sinn der Renaissance und der ganzen modernen Welt.

Man kann das Christentum einen «Weg der Gnade» nennen, in dem Sinne, dass hier die Unterscheidung zwischen «Äusserem» und «Innerem» dadurch gemildert ist, dass die Gnade sich jedem im Masse seiner Fähigkeiten schenkt, ohne apriorische Abstufung der geistigen Tragweiten; dadurch wird aber besagte Unterscheidung insofern, als sie eben in der Natur der Dinge liegt, keineswegs aufgehoben.

*

Im Islam erscheint die Esoterik wie der Urgehalt des Dogmas *(imân,* «Glaube») und des Gesetzes *(islâm,* «Ergebung»), und dieser Urgehalt wird lebendig, kommt an die Oberfläche und saugt die Seele auf kraft der Geistestugend *(ihsân,* «Tun des Schönen», «Vollendung»). Man könnte sich auch so ausdrücken: das Sufitum ist der aufrichtigste Glaube an Gottes Einheit; alles liegt hier in der Aufrichtigkeit *(çidq),* welche den geistigen Wert des Glaubens ausmacht. Aufrichtig glauben, heisst folgerichtig sein, heisst glauben, als sähe man; es heisst, die Einheitsidee *(tawhîd)* mit unserem ganzen Wesen annehmen, sich also vom Vielen, Unterschiedlichen, ja von allem loslösen, was nicht das letzte Eine ist; dieses Glauben macht den ganzen sufischen Weg aus, bis zur Einung, zur «Einheit der (scheinbar in Ich und Gott, oder in Welt und Gott gespaltenen) Wirklichkeit» *(wahdat el-Wujûd).* Der Glaube, dass Gott Einer ist, bedeutet die allererste und äusserlichste Teilhaftigkeit des Geistes an der göttlichen Einheit; darüber hinaus kann der Einheitsglaube vorwiegend eine Erkenntnis oder vorwiegend eine Liebe oder beides in gleichem Maße sein. Die «Armut» *(faqr)* des sich Gott – also der Einheit – Weihenden *(faqîr,* «Armer») ist die notwendige Folgerung des reinen, aufrichtigen, völligen Gottesglaubens, der das «Viele» und folglich den «Reichtum» – das schillernde Eigenleben der erdgebundenen Seele – verneinen muss, genau so wie im Christentum die Abkehr von der «Welt» die notwendige Folge der vollkommenen Gottesliebe ist.

*

Betrachten wir nun die ins Christentum aufgenommenen Einweihungen fremden Ursprungs: der zureichende Grund der Werkmaurerei und der anderen handwerklich-künstlerischen Einweihungen beruht vor allem auf der Notwendigkeit, dass der schaffende Mensch in seiner Kunst und auch in der Arbeit als solcher einen geistigen Sinn erkenne und verwirkliche, damit nichts ausserhalb der letzten Zielsetzung des menschlichen Lebens bleibe; oder besser gesagt, diese Notwendigkeit ist ein Ausdruck davon, dass jede sinnvolle Betätigung eine göttlich-kosmische Wirklichkeit nachbildet. Mit dem Menschen schuf Gott auch sein Handeln; und da der Mensch einen Sinn hat, muss auch das menschliche Tun einen Sinn haben und muss wie der Mensch göttlichen Urbildern entsprechen; wenn der Mensch Ebenbild Gottes ist, dann ist es auch sein notwendiges und geheiligtes Tun. So muss es denn geistige Wege geben, die mit dem kosmischen Urgehalt der Künste verbunden sind; da nun aber die Künste älter sind als die geschichtlichen Religionen, mussten die entsprechenden Einweihungen der jeweiligen Glaubenskultur einverleibt werden.

Der streng «sachliche» Wesenszug der Handwerke erfordert eine mathematische Grundlage und keine gefühlshafte Mystik, und dieser Wesenszug verbindet die Künste mittelbar mit der Gnosis; die Künste sind ursprünglich geistige Berufungen und Wege zur Erlangung der dem «irdischen Paradiese» entsprechenden menschlichen Vollendung. Wie dem auch sein mag: vom glaubensmässigen Standpunkt aus gesehen ist die handwerklich-künstlerische Weisheit eine dem Menschen sittlich nützliche «Philosophie», deren Geheimhaltung im Mittelalter nichts Auffälliges an sich hatte, stimmte sie doch mit der verhältnismässigen Geheimhaltung der Künste überein; die Religion geriete jedoch in Widerspruch mit sich selber, wenn sie duldete, dass eine von der entsprechenden Kunst losgetrennte «Philosophie» ihrerseits als Religion aufträte. Ähnliches kann von der Alchimie gesagt werden: das Weiterleben dieser ägyptisch-griechischen Überlieferung innerhalb des Islams und des Christentums beweist nicht, dass sie für diese beiden Kulturen lebenswichtig gewesen wäre, sondern lediglich, dass der Alchimie – und der mit ihr verbundenen geistigen Berufung – innerhalb dieser Kulturen nichts entgegenstand.

Der Alchimist verwandelt das Blei in Gold: er zieht den edlen, strahlenden Gehalt aus der gemeinen, schweren Natur, – den reinen Intellekt, der unter der Erdenschwere der gefallenen Natur begraben liegt. Der Steinmetz haut vom rohen Stein das Unförmliche weg, er verwandelt ihn in eine geometrische Wahrheit, eine Norm, – eine Schönheit, welche dem Urbilde gemäss geordnet ist; so behaut er seine Seele, um sie vom Chaotischen, Willkürlichen, Rohen zu befreien. Der Maurer ordnet zusammenhanglose Rohstoffe an und macht Gottes Wohnung daraus: so wird seine Seele aus einem unbestimmten Chaos zum Tempel der göttlichen Gegenwart, und dieser Tempel hat zum Urbilde das Weltall (4).

*

Für manche ergibt sich eine Schwierigkeit daraus, dass die Esoterik auf Grund ihrer inneren Beschaffenheit zwar einer zwangsläufig eng gezogenen geistigen Oberschicht vorbehalten sein muss, – wenigstens wenn es sich um Gnosis handelt, – dass aber nichtsdestoweniger die Zahl der Anhänger in den esoterischen Brüderschaften seit jeher eine verhältnismässig hohe gewesen ist; das trifft zum Beispiel auf die Pythagoräer zu, und es gilt auch heute *a fortiori* für die noch vorhandenen, wenn auch im Zerfall begriffenen moslemischen Brüderschaften; ähnliches liesse sich vom christlichen Mönchstum sagen, das ja grundsätzlich ebenfalls eine Esoterik verkörpert, wenn auch auf eine besondere, dem Christentum angemessene Weise, das heisst, sofern sich im Christentum Esoterik und Exoterik überhaupt organisch unterscheiden; wie dem auch sei, liegt der esoterische Charakter des Mönchstums in der Natur der Dinge und ist auch geschichtlich nachweisbar (5). Wenn nun in Überlieferungen jemals die Rede von streng geschlossenen Orden ist, so handelt es sich fast immer um Zweige oder um besondere Gruppen innerhalb grösserer Orden (6), und nicht um Orden in ihrer Gesamtheit; allerdings mag es auch hier unter bestimmten Bedingungen Ausnahmen geben. Diese mehr oder weniger «volkstümliche» Teilhabe am Innersten und gewissermassen Zartesten, was die Überlieferung bietet, erklärt sich aus der Notwendigkeit, dass sich die Esoterik, um in einer gegebenen Umwelt bestehen zu können, in eine der Daseinsweisen dieser Umwelt einfüge, wodurch verhältnismässig zahlreiche Glieder der Gesellschaft erfasst werden müssen; daher rührt die Zweiteilung in innere und äussere Kreise, was zur Genüge erklärt, weshalb die meisten Mitglieder einer gesamten esoterischen Gemeinde sich des eigentlichen Wesens ihres Ordens nicht bewusst sind und ihn einfach im Lichte der äusseren Religion als einen Ausdruck besonderer Frömmigkeit, Tugend und Gnade betrachten. Das erklärt, um auf das Beispiel der Derwischorden zurückzugreifen, die Unterscheidung, die zwischen «Gesegneten» *(mutabârikûn)* und «Reisenden» *(sâlikûn)* gemacht wird: erstere übersteigen geistig nicht den gewöhnlichen Glauben und suchen in der Sufigemeinschaft den Schutz der Heiligen und die Gnade Gottes; nur die «Reisenden» beschreiten den sufischen Weg und befolgen die dem Orden oder ihrem Meister eigene Methode (7).

Diese Teilnahme des «Volkes» – das heisst von Leuten, welche den Durchschnitt der betreffenden Menschheit vertreten – an der Geistigkeit der Auserlesenen erklärt sich allenfalls nicht einzig aus Zweckmässigkeitsgründen, sondern besonders auch durch das kosmische Gesetz des Ausgleichs, wonach «sich die äussersten Gegensätze berühren» *(les extrêmes se touchent)*, und deshalb ist «Volkes Stimme Gottes Stimme» *(vox populi, vox Dei);* das Volk, als duldig empfangender und unbewusster Träger der Sinnbilder, ist wie der Umkreis – der duldige und gleichsam weibliche Gegenpol – der geistig tätigen, vollbewussten Oberschicht, welche ihrerseits die Sinnbilder wissend besitzt und weitergibt. Das erklärt auch die merkwürdige und scheinbar widersprüchliche Verwandtschaft zwischen Volk und Elite; so ist zum Beispiel der Taoismus gleichzeitig esoterisch und volkstümlich, während der Konfuzianismus exoterisch und mehr oder weniger aristokratisch und «gebildet» ist. Auch die Derwischorden haben neben ihrer esoterischen, die geistige Oberschicht ansprechenden Eigenart stets einen damit in Wechselwirkung stehenden volkstümlichen Zug, und zwar eben deshalb, weil das Volk nicht nur «Umkreis», sondern auch irgendwie «Gesamtheit» ist, und dieser Anblick entspricht auf seine Weise wieder der «Mitte». Man kann sagen, dass die geistigen Aufgaben des Volkes im Handwerk und im Volksbrauch liegen, im Märchenerzählen und in der Weitergabe all dessen, was Volksgut ist; das Handwerk entspricht dabei der geistigen «Methode» und das Märchen der «Lehre». So spiegelt das Volk auf eine duldige, unbewusste und gewissermassen weibliche Art und Weise die höchste Berufung der Elite wider, nämlich die Weitergabe des Geistes, der in den überlieferten Formen verborgen oder halb ausgesprochen liegt.

Das Geheimnisvolle jeder Esoterik – sei sie Metaphysik oder Mystik, Weltanschauung oder Methode – beruht nicht auf einer willkürlichen Abgrenzung, sondern lediglich darauf, dass ihr formdurchbrechendes oder anderswie gefahrvolles Wesen nicht jedermanns Sache ist. Aber nicht nur deshalb erscheint die echte Gnosis und die reine Mystik in bestimmten Beziehungen als Mysterium, sondern auch deshalb, weil das Schweigen um kostbare Werte seinen inneren Wert besitzt, und auch weil das Reden mit Unberufenen – oder das Reden überhaupt – gewisse geistige Wirklichkeiten entweiht und entkräftet, wovon ja die sinnbildliche Sprache des Volksmärchens auf mannigfache Weise zu berichten weiss. Der äussere Rahmen der Esoterik muss hingegen sichtbar sein, ihr allgemeines Formenwesen muss sich irgendwie in die äussere Religion eingliedern, muss in dieser seinen Sinn haben; nur der Inhalt, nicht das Dasein der Esoterik kann verborgen bleiben (8): so begreift zum Beispiel der gewöhnliche Moslem die wahre Natur des Sufitums nicht, aber er weiss, dass das Sufitum vorhanden ist, dass es der Weg der Gottessucher und Gottesfreunde ist und dass es ein schwer verständliches, schwer erreichbares Wissen birgt (9).

Eine andere Frage, die wir hier abklären müssen, ist die, ob alle Esoterik das Bewusstsein der inneren Einheit der Religionen mit sich bringe, – ein Bewusstsein, das allerlei räumlichen und zeitlichen Zufälligkeiten unterworfen ist, sodass man schon deshalb seine Notwendigkeit bezweifeln kann, ohne jedoch seine Möglichkeit jemals ausschliessen zu dürfen. Jede Religion ist den anderen in einer bestimmten Hinsicht überlegen, und darin zeigt sich sogar gewissermassen der zureichende Grund für das Bestehen der betreffenden Offenbarungsform; wer die Sprache einer Form spricht, hat immer diese besondere Hinsicht vor Augen; die rein äusserliche Unkenntnis anderer Formen tut das Übrige. Den Sufis bietet der Koran das Vorbild einer solchen Sehweise: einerseits sagt er, alle

Gottgesandten seien ebenbürtig, und andrerseits lehrt er im Gegenteil die Überlegenheit der einen über die anderen, was nach der Erläuterung Ibn Arabîs bedeutet, dass jeder Gottgesandte die anderen durch eine ihm eigene Besonderheit, also in einer bestimmten Beziehung, übertreffe. Ibn Arabî, den wir hier als lehrmässig wichtigsten Vertreter der islamischen Gnosis anführen, musste sich selbstverständlich von vornherein auf den Standpunkt des Islams stellen, da er dieser Geistesform und ihren Meistern ja alles verdankte, was er geistig war; und so musste er sich vor allem der besonderen Hinsicht bewusst sein, in welcher der Islam anderen Formen irgendwie überlegen ist. Und ebenso: auf christlicher Seite widerspricht die Tatsache, dass etwa ein heiliger Bernhard die Kreuzzüge predigte und das wirkliche Wesen des Islams verkannte, mitnichten seiner esoterischen Erkenntnis, umso weniger, als er die Liebesmystik, nicht die Gnosis vertrat; die Frage, die man sich hier unter Umständen stellen könnte, ist nicht, ob Bernhard den Islam verstand oder nicht, sondern vielmehr ob er, wenn er diese Geistesform durch unmittelbare und ausreichende Fühlungnahme gekannt hätte, sie verstanden hätte, wie das tatsächlich bei der Elite der Templer, bei denen die nötigen Bedingungen dazu erfüllt waren, der Fall gewesen ist. Man kann folglich sagen, dass das Bewusstsein von der inneren Einheit der Religionen wie ein Keim in der Gnosis liegt, – weniger in der Liebesmystik, – und dass es nur in Kraft tritt, wenn es die Umstände zulassen oder irgendwie erfordern; dieses Bewusstsein kann sich bei der Berührung mit einer fremden Geisteskultur auswirken, doch gibt es in diesen Dingen keine strenge Gesetzmässigkeit: die Gründe, welche einen Esoteriker zur inneren Anerkennung einer fremden Religion veranlassen, können von Fall zu Fall verschieden sein, denn es lässt sich nicht genau umschreiben, was geistig als Berührung mit einer fremden Überlieferung gelten kann. Die zwei hauptsächlichen Berührungspunkte sind jedenfalls die Metaphysik und die Heiligkeit: jeder wahre Metaphysiker versteht grundsätzlich alle Metaphysik, und jeder Heilige erkennt einen anderen Heiligen; nun ist es aber so, dass sich Heilige verschiedener Religionen fast nie begegnen, und zwar aus denselben kosmischen Gründen, die das Nebeneinander zweier Sonnen oder zweier Religionsstifter ausschliessen (10).

Es muss hier noch folgendes hinzugefügt werden: der mittelalterliche oder altertümliche – auch der asiatische – Weise verkörpert eine geistige Schau: er setzt sich ihr gleich, sofern er denkt und handelt, übersteigt sie aber insofern, als er, jenseits alles Denkens, in der formlosen Wahrheit ruht. Als Mensch kümmert er sich kaum um die geistig-seelischen Voraussetzungen artfremder Lehrformen; er bemüht sich um keine Kenntnis der Gedankenformen als solche und hat auch in seiner Lage gar keinen Grund dazu. Für uns aber, die wir in ganz anderen – und an sich künstlichen und unberechtigten – Verhältnissen leben, ist jene Kenntnis der Gedankenformen mehr oder weniger unentbehrlich geworden: wer die Wahrheit nicht in jeder ihrer möglichen Formen erkennen kann, der läuft heutzutage Gefahr, – es sei denn, er wäre ein Heiliger, – mit einer einzigen Form die ganze Wahrheit zu verlieren.

*

Zweifellos gibt es Wahrheiten und geistige Haltungen, die nicht jedem zugänglich, dabei aber für manchen gut und sogar unentbehrlich sind; ob man sie nun «esoterisch» (11) oder anders nennen will, eines ist gewiss, nämlich dass sie in der Natur der Dinge selbst liegen und nicht vom menschlichen Gutdünken und Wünschen abhängen (12). Die Esoterik leugnen, – und es kommt auf die Sache, nicht auf das Wort an, – heisst leugnen, dass es geistige Werte gibt, die nicht jeder Mensch verstehen kann oder verstehen will; behaupten, dass dieses Nichtverstehen – oder Nichtverstehenwollen – ein Kriterium der Überflüssigkeit sei, hiesse die Wahrheit und Wirklichkeit einer ganz verhältnismässigen Nützlichkeitsrechnung opfern.

Nicht darauf kommt es im geistigen Leben an, was wir uns anmassen, sondern darauf, was unser ganzes Wesen berührt und in Bewegung versetzt, was uns restlos überzeugt und uns wegzieht von unseren Grenzen: dies kann eine Religionsmythologie als solche sein, – das heisst ein Gewebe von Begriffen und Bildern, welches uns die Gnade vermittelt, die Wahrheit zu fühlen und «dieses» zu tun um «jenes» zu gewinnen, – aber es kann auch eine in uns selber verborgene Wirklichkeit sein, ein Durst nach dem Unendlichen. In diesem Falle kann uns die Gnade nicht auf einer mehr äusseren Ebene erreichen, kann sich nicht ausschliesslich durch ein Bildersystem kundgeben, durch etwas, was an sich nicht die Mitte unseres Wesens berührt. So ist die Gnosis für jene bestimmt, deren Geist von Natur aus den kosmisch-göttlichen Urgehalten offen steht und denen folglich die Welt der Formen wie durchsichtig vorkommt; die Begreifbarkeit des Weltzusammenhanges kommt dann von den Urgehalten, nicht von den Formen; an sich wären die Formen dem Weisen unbegreiflich, weil ihm die reine Grenze unbegreiflich wäre, – ein widersprüchlicher Gedanke, denn die Weisheit liegt ja gerade im Durchschauen der Formen. Der gewöhnliche Verstand hingegen lebt in den Formen und übersteigt sie nur künstlich, kraft einer Anstrengung: der «feste Boden», das «Konkrete», ist für den Durchschnittsmenschen die formhafte Ebene: die Urgehalte sind für ihn «abstrakt».

Die Eignung zur Esoterik – oder im engeren Sinne: zur Gnosis – beruht viel weniger auf der stets verhältnismässigen und oft trügerischen Fähigkeit, metaphysische Ideen *a priori* zu «verstehen», als auf der rein beschaulichen Wesensart des Geistes; diese Wesensart ist gleichbedeutend mit der Abwesenheit leidenschaftbetonter Züge, nicht im Menschen als solchem, sondern in seinem Geiste. Die Reinheit des Geistes – seine beschauliche Beschaffenheit – ist ungleich wichtiger als seine an der Oberfläche liegende Schärfe: «Selig sind die reinen Herzens sind», sagte Christus, und nicht: «die klug sind». Das «Herz» bedeutet hier den Intellekt, und in einem allgemeinen, gleichzeitig beschränkteren Sinne, den menschlichen Gehalt, die Neigungen der Seele; in diesem wie in jenem Sinne ist das «Herz» Mitte des Menschen, einmal grundsätzlich und geistig, dann bloss tatsächlich und daseinshaft.

Die Eignung zur Gnosis und zur Mystik setzt den sittlichen Adel voraus, denn die Schönheit der Seele gehört zur Reinheit des Geistes. Die Sünde ist nicht bloss eine Handlungs-, sondern vor allem auch eine Seinsweise: die Tat ist nicht nur sündig, weil sie ein Gesetz, also eine Form durchbricht, – nach unten, nicht nach oben, – sondern auch, weil sie ein Laster, also einen Gehalt kundgibt; in diesem Falle widersetzt sich die Sünde keineswegs bloss einer Form, einem besonderen Gesetz, sondern verletzt ein inneres und umfassendes Sein. Das Sittengesetz kommt von aussenher, während die menschliche Norm von innenher kommt; sie ist ein in unserem menschlichen Daseinsstoff aufgeschriebenes Gesetz und folglich eine ständige Offenbarung des Herzens.

*

Es gibt Menschen, welche bloss allmählich und anhand rein sinnbildlicher Ausdrucksweisen verstehen lernen, was sie *a priori* durch ein gedankliches Lehrgebäude hindurch niemals begreifen könnten; dies beweist die Verhältnismässigkeit der dialektischen Formen, – nicht der Wahrheit, denn diese ist unerschütterlich. Umgekehrt gibt es Menschen, die mühelos schwierige Theorien erfassen können, ihr Verständnis ist jedoch rein begriffsmässig, ist wie eingefroren in eine einzige Ausdehnung: sie geniessen die formhafte Folgerichtigkeit, das gedankliche Ebenmass des Lehrgebäudes, nicht den Gehalt, zu welchem die Begriffe nur Schlüssel sind, – und daraus ergibt sich die widersprüchliche Möglichkeit eines rein formenmässigen Verständnisses, das wie ein schöner Grabstein auf einem gehaltmässigen Unverständnisse liegt.

Die esoterische Wahrheit ist ein zweischneidiges Schwert: gewisse Menschen verlieren Gott, weil sie diese Wahrheit, die allein sie überzeugen könnte, nicht kennen; andere wieder bilden sich ein, die esoterische Wahrheit zu verstehen und machen sich einen anmassenden Irrglauben zurecht, der in ihrem Herzen Gottes Platz einnimmt. Der Mensch kann auf Grund einer ganz trügerischen Voreingenommenheit die höchsten Ideen bejahen, und hält sich dann für besser als diejenigen, welche diese Voreingenommenheit nicht haben – wohl deshalb nicht, weil sie zu klug und zu edel sind zu solchem Selbstbetrug – und ehrlich genug sind, jene Ideen unberührt zu lassen; dabei sind sie im Grunde vielleicht fähiger, besagte Ideen zu erfassen, als die unfruchtbaren Gedankensammler. Der Mensch nimmt die Wahrheit nicht immer deshalb an, weil er sie versteht, sondern er glaubt oft sie zu verstehen, weil er aus irgend einem Grunde Lust hat, sie anzunehmen.

*

Die Gnosis oder Intellekt-Erkenntnis schafft den «Glauben» keineswegs ab, sondern verleiht ihm einen tieferen Sinn. Wer lehrmässig «erkennt», hat dadurch wohl die metaphysische Gewissheit, diese durchdringt jedoch nicht *ipso facto* sein Wesen; es ist, als sähe man einen Gegenstand, anstatt bloss einer Beschreibung zu glauben: das Sehen ist nicht gleichbedeutend mit der restlosen Kenntnis des Gegenstandes und noch viel weniger mit dessen Besitz. Einen Wert völlig «erkennen», heisst ihn «besitzen», ihn «verwirklichen» und «sein»; wohl ist das Sehen unendlich mehr als das blosse Hörensagen, aber das Besitzen ist seinerseits unendlich mehr als das blosse Sehen. Solange der Geist die Begrenzungen der Geschöpflichkeit nicht überstiegen hat, muss seine «Erkenntnis» immer auch ein

«Glaube» begleiten, – nicht auf der Ebene des Erkennens, sondern auf derjenigen des Lebens, – ansonsten ihn nichts von der «erkannten» oder «zu erkennenden» Wirklichkeit trennte.

«Selig sind, die nicht sehen, und doch glauben»: die metaphysischen Wahrheiten sind in ihrer letzten Tiefe der begehrlichen Seele keineswegs «sichtbar», denn sonst machten sie diese sogleich erhaben und heilig. Die Begierdeseele – das geniessende und leidende Ich – muss folglich «glauben», muss die für den Intellekt selbstverständlichen Wahrheiten «gläubig» in sich tragen. Für den «Wissenden» ist der Glaube nicht das blosse Fürwahrhalten eines Mysteriums, sondern die unser ganzes Wesen ergreifende Bejahung einer offenkundigen Wahrheit; diese Bejahung durch das ganze Wesen – nicht nur durch den Intellekt – ist der «Glaube, der Berge versetzt». Das blosse, auch inbrünstige Fürwahrhalten versetzt keine Berge; vom Standpunkt der mystischen Vollkommenheit aus ist auch ein unser Gefühlsleben bewegendes Glauben noch eine Art Scheinheiligkeit. Die Seligen, welche «nicht sehen und doch glauben», sind diejenigen, welche «glauben, als sähen sie».

*

Wenn man vom Gedanken ausgeht, dass die Wahrheit wie ein formloses Licht im Seelengrund liegt, – ein Licht, das wir nicht zuerst zu erschaffen brauchen, das wir auch gar nicht erschaffen können, und dessen wir einfach bewusst werden müssen, weil es vor uns da war und ewig ist, – wenn wir von diesem Gedanken ausgehen, so erscheinen uns die Lehrformen vor allem als Abgrenzungen gegen den Irrtum; das Wesentliche ist dann die Reinigung des Herzens, seine Befreiung von den verfinsternden Hindernissen. Wenn die Tugenden bis zum Grunde verwirklicht werden, bis zu ihren kosmischen und göttlichen Urquellen, fallen sie mit den metaphysischen Wahrheiten zusammen; wer Gott kennen will, muss sich selber kennen, und umgekehrt. Die Vollendung der Tugend geht nicht ohne Wahrheit, und die Verwirklichung der Wahrheit nicht ohne Tugend. Die göttliche Wahrheit ist form- und schrankenlos, und deshalb kann sie sich selbst auf lehrmässiger Ebene in die verschiedensten Ausdrucksformen einkleiden, nicht nur von einer Geistesschule zur andern, sondern auch bei ein- und demselben Lehrmeister (13).

Wenn die Metaphysik – in ihrer lehrmässigen Form – kein

unbedingt notwendiges Kriterium der Geistigkeit darstellt, so ist sie nichtsdestoweniger unerlässlich für die Kreise, wo sie durch göttlichen Willen Form gewinnt, und auch für die betreffende Gesamtkultur, insofern nämlich, als diese metaphysischer Gewähren bedarf; wie gesagt kann aber die metaphysische Theorie für diesen oder jenen geistigen Weg entbehrlich sein, aber stets unter der Bedingung, dass die Gesamtkultur eine Metaphysik besitzt, welche alle Formen mittelbar bestimmt, also auch die der Liebesmystik. So könnte zum Beispiel in Indien die *bhakti* – die Liebe – ohne eine vom *jnâna* – der Erkenntnis – her bestimmte Kultur nicht leben.

Die ausgebildeten metaphysischen Lehrgebäude sind mehr oder minder späte Festlegungen ursprünglicher geistiger Sehweisen; nur selten drücken sie sich ganz deutlich in der Offenbarung selber aus, – wie es etwa in den Upanischaden, im *Brahma-Sûtra*, im *Tao-Te-King* der Fall ist, – aber auch dann sind die weitgesponnenen Auslegungen verhältnismässig späte Erscheinungen innerhalb der betreffenden Überlieferung. Zwar hat es bei allen Religionen von Anfang an mündliche Geheimlehren rein metaphysischer Art gegeben, wie überall bezeugt wird, doch waren diese sicherlich viel knapper gefasst als die späteren schriftlichen Festlegungen; die Gnosis hatte am Anfang nichts Systematisches: sie tat sich wohl auf eine dem jeweiligen Geistesstile entsprechende Weise kund, entsprang jedoch verschiedenen und voneinander unabhängigen Eingebungen (14); ihre Stützpunkte waren offenbarte Formeln und Sinnbilder, auch die Erscheinungen der Natur und der Seele. Später veränderte sich die äussere Lage, die Dinge verbreiterten und verschoben sich: mehrere Gründe, – die Neigung zur Vergröberung und zum Vergessen, dann die steigende Anzahl mehr und mehr zerstreut lebender und immer weniger zur unmittelbaren Geistesschau fähiger Schüler, schliesslich auch die durch Unverständnis und Irrlehren hervorgerufenen Auseinandersetzungen, – all diese Gründe machten schriftlich festgelegte und sehr ins Einzelne gehende Neufassungen und Verdeutlichungen der metaphysischen Lehre notwendig. Es ist übrigens auf diesem Gebiete nicht ausgeschlossen, dass eine Lehre einer anderen, artfremden Lehre gewisse dialektische Schlüssel entlehnt, wenn auch die Bedeutung solcher rein formhafter Anpassungen nicht überschätzt werden darf; da sie aber immerhin möglich sind, besteht kein Grund zur Annahme, sie hätten nie stattgefunden. Zweifellos hat der Neuplatonismus für die esoterischen Lehren semitischen Ursprungs eine derartige Rolle gespielt, gar nicht zu reden von dem in mancher Hinsicht bedauerlichen Einfluss der aristotelischen Philosophie (15).

Die ausdrücklichen metaphysischen Lehren, etwa der *Vedânta*, gehen immer von der Voraussetzung aus, dass jede Lehre angesichts der göttlichen Wahrheit nur «Irrtum» ist, – jedoch ein bloss vorübergehender, unerlässlicher, heilsamer Irrtum, welcher die Wahrheit enthält und weitergibt wie ein Samenkorn. Gott ist jenseits der «Erkenntnis», insofern diese ein «Ich» und «Du» voraussetzt; deshalb ist Gott letzten Endes «unerkennbar». Wohl kann im Göttlichen selber etwas wie ein «Ich» und «Du» unterschieden werden, hier liegt jedoch das «Du» im «Ich» selber und hat keine aussenstehende fremde Mitte, und ebenso liegt das «Ich» im «Du»: das Sein ist Inhalt der Urbewusstheit; die Erkenntnis ist Inhalt der Urwirklichkeit. Gottes Bewusstheit ist durchaus «wirklich», seine Wirklichkeit ist durchaus «bewusst».

*

Bei der Gnosis – etwa beim indischen *jnâna* – wird die Gnade tätig bewirkt mit Hilfe des schauenden Geistes (16), der irgendwie eins ist mit dem Geschauten; aber nicht jede Gnade kann so bewirkt werden, denn die erste wie die letzte ist reines Gottesgeschenk, – die erste, welche den Antrieb gibt und die Berufung erweckt, und die letzte, welche erlöst; dazu kommen mancherlei andere Erleuchtungen, die der Mensch weder berechnen noch voraussehen kann. Was nun die Tugenden anbelangt, so werden sie nicht im Hinblick auf Verdienste geübt, sondern sie dienen im Gegenteil – wie auch die Kasteiungen – auf mittelbare Weise dazu, dem Menschen bei der Überwindung des Ichs und damit des zweckgebundenen Denkens zu helfen, oder anders gesagt, sie dienen zur Beseitigung der Hindernisse, die sich der – grundsätzlich dauernd vorhandenen – Ausstrahlung der Gnade widersetzen; diese ist letzten Endes nichts anderes als das Strahlen unseres von Unwissenheit, Leidenschaft und Sünde scheinbar überdeckten göttlichen Urgrundes. Der Gnostiker – nicht im häretischen, sondern im buchstäblichen, zeitlosen Sinne – reinigt sich in erster Linie durch die Schau des Göttlichen kraft des Intellektes, oder durch das «Feuer der Erkenntnis», wie die Hindus sagen; die Kasteiung, welche bei ihm vorwiegend das Gepräge einer Entziehung hat, – Fasten, Einsamkeit, Schweigen, – soll nichts erzeugen, sondern wie wir gesehen haben, die Hindernisse entfernen, die in der Seele den Lichtblitz des Göttlichen verdunkeln. Vor diesem Strahle ziehen sich die Welt und ihre Reize zurück, wie der Schnee in der Sonne schmilzt; keine äussere Buße kann an Vortrefflichkeit das parakletische und heiligende Wunder der reingeistigen Erkenntnis übersteigen, denn sie löst alle Knoten der Unwissenheit auf (17).

Das exoterische Nichtverstehen der geheimnisvollen Gegenwart des unerschaffenen Geistes im Erschaffenen, – sei sie bloss keimhaft vorhanden oder zur Strahlung entfaltet, – tut sich meistens im Irrtum kund, ausserhalb des offenbarten Wortes sei keinerlei übernatürliche Erkenntnis möglich, als ob es nicht durchaus willkürlich wäre, zu behaupten, dass der Intellekt – das Herz – hienieden unmöglich eine «unmittelbare» Gotteserkenntnis haben könne (18); es ist immer dasselbe Zweckdenken, das die Wirklichkeit des Intellektes leugnet und dadurch auch jenen, die durch ihn schauen können, das Recht abstreitet, zu erkennen, was der Intellekt erkennen lässt. Und was ist der eigentliche Grund dieser Haltung? Der Umstand, dass der Intellekt tatsächlich nicht jedermann zugänglich ist, und dass die Lehre vom unerschaffenen Geist im Geschöpfe dem Glauben des Einfältigen nachteilig wäre. Was keine Exoterik zulassen kann, das ist das gewissermassen «natürliche» Vorhandensein einer «übernatürlichen» Fähigkeit; man scheint zu vergessen, – oder vielmehr, man muss es auf dieser Ebene ausser acht lassen und hat keine andere Wahl, – dass die Unterscheidung des «Übernatürlichen» vom «Natürlichen» nicht absolut ist, – wenn nicht im Sinne des «bedingt Unbedingten», – und dass das «Übernatürliche» ja ebenfalls «natürlich» heissen kann, insofern es nach gewissen Gesetzen wirkt; umgekehrt ist das «Natürliche» nicht jeglichen «übernatürlichen» Beiklanges bar, ansonsten die «Natur» ein reines Nichts wäre.

*

Die Beziehungen zwischen Exoterik und Esoterik lassen sich letzten Endes auf das Verhältnis zwischen «Form» und «Geist» zurückführen, welches uns in jedem Lehrsatze und in jedem Sinnbilde entgegentritt: dieses Verhältnis muss auch innerhalb der Esoterik selbst auftreten, und man darf behaupten, dass hier allein der geistig unfehlbare Weise, und nicht etwa jeder Esoteriker, vollends in der elementaren, überförmlichen Wahrheit steht. Der «Geist», das heisst der formfreie Gehalt der Form, der «Sinn» des «Bildes», also des «Buchstabens», bekundet stets eine Neigung, die formhaften Begrenzungen zu brechen und mit diesen daher in scheinbaren Widerspruch zu geraten: so betrachtet spielt jede neue «Anpassung» des zeitlosen Geistes ans zeitgebundene Menschliche, also jede neue Offenbarung, irgendwie die Rolle einer esoterischen Formdurchbrechung, obwohl sich in anderer Beziehung das Verhältnis, das ja hier nur sinnbildlich ist, auch umkehren lässt, nämlich insofern jede Form zwangsläufig die Grenzen einer anderen Form verneint und daher zu übersteigen scheint. Wir möchten hier eine Stelle aus Mohyiddîn ibn Arabîs «Abhandlung über die Einheit» *(Risâlat el-Ahadiyah)* anführen, wo der Verfasser eben jene Rolle der Esoterik dartut, die wir als «Brechen der Form im Namen des Geistes» gekennzeichnet haben: «Die meisten Eingeweihten sagen, die Erkenntnis Gottes sei die Folge der Auslöschung des Daseins *(fanâ' el-wujûd)* und des Auslöschens dieser Auslöschung *(fanâ' el-fanâ')*; diese Auffassung ist jedoch völlig verfehlt ... Die Erkenntnis fordert nicht die Auslöschung des Daseins (des Ichs) oder das Auslöschen dieser Auslöschung, denn die Dinge haben keinerlei Dasein, und was nicht besteht, kann nicht aufhören, zu bestehen.» Nun werden aber die Grundbegriffe, welche Ibn Arabî hier verwirft – mit einer bestimmten geistig-methodischen Absicht und nicht im entferntesten aus philosophischem Dogmatismus – selbst von denen beibehalten, die in Ibn Arabî den grössten aller Meister erblicken; ja, Ibn Arabî selber hat neben der soeben erwähnten Lehre, und gleichsam auf einer anderen Ebene, dieselben Grundbegriffe angenommen, ohne dies als einen Widerspruch zu empfinden (19). Auf entsprechende Art und Weise werden sämtliche exoterische Formen als solche «überflügelt» oder «durchbrochen», somit in gewisser Hinsicht «verneint»; dabei ist gerade die Esoterik am ehesten bereit, die Berechtigung jeder heiligen Form anzuerkennen, und auch einzig in der Lage, den eigentlichen Wert der Formen völlig zu ermessen.

«Der Geist weht, wo er will»; kraft seiner allumfassenden Weite bricht er die Enge des Formhaften; auf der Ebene der Form ist er jedoch genötigt, sich in Formen zu kleiden; ja, er kann ohne den allgemeinen formhaften Rahmen der Offenbarung garnicht leben (20).

«Willst du den Kern», sagt Meister Eckhart, «so musst du die Schale zerbrechen.»

Anmerkungen

1. In diesem Sinne konnte gesagt werden, dass die Lehre Mosis verhüllt, was Christi Lehre enthüllt: *Moysis doctrina velat quod Christi doctrina revelat.*

2. Nach Klemens von Alexandrien meint Paulus die Gnosis, wenn er den Korinthern schreibt: «Ich hoffe, dass euer Glaube zunehme, auf dass ich euch die Dinge mitteilen könne, die euch übersteigen.» Und Klemens fügt hinzu: «Damit teilt er uns mit, dass die Gnosis, welche die Vollendung des Glaubens ist, die gewöhnliche Belehrung übersteigt.» Andererseits spricht Klemens von «jenen glücklichen Männern, die anzuhören ich das Glück hatte ... welche die wahre Überlieferung der seligen Lehre, die sie unmittelbar von den heiligen Aposteln Petrus, Jakobus, Johannes und Paulus empfangen, bewahrt hatten»; und er sagt auch: «Die Gnosis ist von den Aposteln einer kleinen Anzahl von Gläubigen überlassen worden, und sie ist ohne Schrift auf uns gekommen.» Irenäus, der gewiss nicht des «Gnostizismus» verdächtigt werden kann, beruft sich, wie Klemens Alexandrinus, Origenes und andere, auf eine mündliche, geheime, von Christus ausgehende und von den Aposteln weitergegebene Überlieferung; und ebenso spricht Dionysius von «zwei Theologien, einer allgemeinen und einer mystischen»: die erste habe ihre «öffentliche», die andere ihre «geheime» Überlieferung. Nach Evagrius erheischt die Gerechtigkeit, dass man von den Geheimnissen des mystischen Lebens auf eine geheimnisvolle Weise rede, «um nicht die Perlen vor die Säue zu werfen»; für ihn wie für seine Vorgänger beziehen sich die Mysterien auf den Intellekt, ohne dass dabei angenommen werden muss, dass sich der Unterschied zwischen der Gnosis und den Mysterien der Liebe auf eine systematische Art und Weise kundgebe.

3. Aber nicht nur bei ihm, da es sich um eine kosmische Gesetzmässigkeit handelt. Ein ähnlicher Fall zum Beispiel – wenngleich auf viel beschränkterer Ebene – ist derjenige des Sufi Mançûr El-Hallâdsch, der hingerichtet wurde, weil er gesagt hatte: «Ich bin die Wahrheit». El-Hallâdsch ist unter den moslemischen Heiligen eine christusähnliche Erscheinung, – nicht was die kosmische Grösse anbelangt, sondern in Hinblick auf den geistigen Stil.

4. Diese Entsprechung zwischen der Ausübung einer Kunst und der geistigen Entwicklung tritt besonders deutlich im *Zen*-Buddhismus *(Dhyâna)* zutage. Siehe die *Zen*-Bücher von Daisetz Teitaro Suzuki, auch *Zen in der Kunst des Bogenschiessens* (München-Planegg 1955) von Eugen Herrigel (Bungaku Hakushi) und *Der Blumenweg* (ebenda 1957) von Gusty L. Herrigel.

5. Das abendländische, von Cassianus und Benedikt eingeführte Mönchstum hat denselben Ursprung wie der morgenländische Hesychasmus, dessen esoterischer Charakter keinem Zweifel unterliegt.

6. Der Tempelorden zum Beispiel zählte notgedrungen, und zwar gerade wegen seiner Tätigkeit, viele Mitglieder, deren Eignung zur Esoterik nicht über die naheliegendsten geistigen Ziele hinausgehen konnte; und diese sind im Grunde jedem geistig und seelisch Gesunden erreichbar. Hingegen war die Bruderschaft

der *Fede santa* ein mit den Templern zusammenhängender Laienorden – eine streng geschlossene Gemeinde.

7. Allerdings ist heutzutage die Zahl der wirklichen *sâlikûn* verschwindend klein, während der *mutabârikûn* für das Gleichgewicht der Gemeinschaft viel zu viele sind; sie tragen dadurch um so leichter zum Niedergang der wahren Geistigkeit und zum Verfall der Derwischorden bei.

8. Es ist deshalb unsinnig, zu meinen, die christliche Esoterik habe restlos verschwinden können, und man müsse sich den Kopf darüber zerbrechen, was sie eigentlich gewesen sei. Die Kirchenväter und die Wüstenheiligen, dann die Hesychasten, auch die rheinländischen und spanischen Mystiker – um nur die wichtigsten Strömungen zu nennen – geben Antwort auf diese Frage.

9. Wir führen hier die Erläuterungen eines moslemischen Esoterikers an, die nicht nur für die Beziehungen zwischen Exoterik und Esoterik im Islam aufschlussreich sind, sondern auch einen Begriff davon geben, welcher Art diese Beziehungen sein können und im Wesentlichen auch sein müssen: «Als Religion ist der Islam der Weg der Einheit und der Vollständigkeit. Sein grundlegender Glaubenssatz heisst *tawhîd*, das heisst die Einheit oder die Einigung. Als allumfassende Religion enthält er Stufen, aber jede davon ist der wahre Islam, das heisst jeder beliebige Anblick des Islams offenbart dieselben Grundsätze. Seine Formeln sind ausserordentlich einfach, aber die Zahl seiner Formen ist unerschöpflich. Je zahlreicher diese Formen sind, desto vollkommener ist das Gesetz. Man ist Moslem, wenn man seiner Bestimmung folgt, das heisst seinem Daseinsgrund ... Das Wort *ex cathedra* des Mufti muss klar sein, jedermann verständlich, sogar einem des Lesens und Schreibens unkundigen Neger. Er hat nicht das Recht, sich über anderes auszusprechen als über Gemeinplätze des täglichen Lebens. Er tut es übrigens nie, um so weniger, als er jeder Frage ausweichen kann, die nicht in den Bereich seiner Befugnis gehört. Die klare, allen bekannte Abgrenzung zwischen den sufischen und scharaîtischen Fragen erlaubt es dem Islam, ohne sich je zu widersprechen, gleichzeitig esoterisch und exoterisch zu sein. Darum gibt es nie ernsthafte Auseinandersetzungen zwischen Wissen und Glauben bei Moslemen, die ihre Religion verstehen. Die Formel des *tawhîd* – des Monotheismus – ist ein scharaîtischer Gemeinplatz. Die Tragweite, die man dieser Formel gibt, ist Angelegenheit eines jeden Einzelnen, denn sie hängt von seinem Sufitum ab. Alle Ableitungen aus dieser Formel sind mehr oder weniger gut, unter der Voraussetzung, dass sie den wörtlichen Sinn nicht aufheben; denn dann zerstören sie die Einheit des Islams, das heisst seine Allgültigkeit, seine Fähigkeit, sich allen Denkarten, Umständen und Zeitaltern anzupassen und allen Bedürfnissen zu genügen. Das Formentum ist strenge Forderung; es ist kein Aberglauben, sondern eine allumfassende Sprache. Daraus, dass die Allgültigkeit das eigentliche Gesetz und der Daseinsgrund des Islams ist, und dass andrerseits die Sprache das Verständigungsmittel zwischen den vernunftbegabten Wesen darstellt, ergibt sich, dass die exoterischen Formen im Organismus der Religion ebenso wichtig sind wie die Adern im tierischen Körper ... Das Leben ist nicht teilbar; was ihm diesen Anschein gibt, das ist der Umstand, dass es Abstufungen zulässt. Je mehr sich das Leben

des Ichs mit dem des Nicht-Ichs vereint, desto kraftvoller lebt man. Die Überleitung des Ichs ins Nicht-Ich vollzieht sich durch die mehr oder weniger ritusmässige, bewusste oder freiwillige Gabe. Es ist leicht zu verstehen, dass die Kunst des Gebens das Hauptgeheimnis des Grossen Werkes (der Alchimie) darstellt.» (Abdul-Hadi, *L'Universalité en Islam*, in *Le Voile d'Isis*, Januar 1934.)

10. Die Begegnung zwischen Laotse und Konfuzius kann nicht als entgegengesetztes Beispiel gelten, da diese beiden Verkünder ja unmittelbare Verkörperungen der auf dem *Yi-King* fussenden chinesischen Urreligion waren und nur auf Grund der besonderen Gegebenheiten des Chinesentums als Träger anscheinend unabhängiger Offenbarungen auftraten.

11. Dass dieses Wort wie manch anderes missbraucht und herabgewürdigt worden ist, soll uns nicht hindern, es in seinem altehrwürdigen Sinne anzuwenden. Das ist leider mit dem Worte «Theosophie» viel schwieriger. Übrigens gibt auch das Wort «Mystik» zu Verwechslungen Anlass.

12. Der heilige Bernhard spricht – in seiner Abhandlung über die Demut – von der Seele, welche «für die Wahrheit einschläft»: «Aber ihr Herz ist wach, und während dieser Zeit trachtet sie danach, in die grössten Geheimnisse der Wahrheit einzudringen, damit sie, sowie sie zu sich selber zurückgekehrt, sich unterhalten könne im Gedenken dieser Mysterien. Da sieht sie Dinge, die nicht gesehen werden können, und da hört sie Dinge, die nicht erklärt werden können und worüber zu reden dem Menschen nicht erlaubt ist, denn jene Dinge übersteigen alle Kenntnis, die eine Nacht einer anderen Nacht geben kann. Nichtsdestoweniger ist es wahr, dass ein Tag sich einem anderen Tage gegenüber erklärt, und dass es erlaubt ist, unter den Weisen von der Weisheit zu sprechen, und den Geistigen die geistigen Dinge zu übermitteln.»

13. Das ist zum Beispiel im umfangreichen Werke Ibn Arabîs der Fall. Dieser Formenreichtum beweist nicht nur die Verhältnismässigkeit der lehrmässigen Ausdrucksweisen, sondern auch deren Ursprünglichkeit und Unabhängigkeit im Rahmen der offenbarungsmässigen Gesamtlehre. Derselbe Ibn Arabî nimmt übrigens an, dass die vollkommene Entwerdung das Herz den höchsten Eingebungen eröffnen kann, ohne Mitwirkung jeglichen metaphysischen Wissens und bloss auf Grund des Einheitsbekenntnisses.

14. «Die Dinge, die wir jetzt sagen werden, erscheinen mehreren Leuten der Menge von den Schriften des Herrn verschieden; diese Leute mögen aber wissen, dass diese Dinge von den heiligen Schriften leben und in ihnen atmen; sie beziehen aus den Schriften ihren Gehalt, entnehmen ihnen aber nur den Geist und nicht die Sprache». (Klemens von Alexandrien, *Stromata.*)

15. Das Übel besteht darin, dass die Theologie scheinbar in Abhängigkeit von einem bloss gehirnmässigen Denken gerät, welches sich mit der Zeit immer selbständiger wähnt, um sich letzten Endes gegen die Theologie selber zu wenden; so fällt diesem Denken schliesslich alle Offenbarung und alle Wahrheit zum Opfer. Es muss jedoch betont werden, dass die beste Scholastik – Anselm von Canterbury, Bonaventura, Albertus Magnus, Thomas von Aquino – trotz

ihres formalen Fussens auf der blossen Logik und ihrer damit zusammenhängenden ontologischen Begrenzung, im Verhältnis zur modernen Philosophie als Trägerin ewiger Wahrheit dasteht.

16. Auf glaubensmässigem Gebiete – wo die Trennung zwischen «Schöpfer» und «Geschöpf» in jeder Beziehung absolut ist – kann dies als «Semipelagianismus» gelten aus dem einfachen Grunde, weil die von der Gnade untrennbare Herzenserkenntnis nicht jedem Menschen erreichbar ist; es ist bezeichnend, dass gerade einem Cassianus – den die Ostkirche als Heiligen verehrt – dieser Vorwurf gemacht wird. «Exoterisch» kann man bei dem – in seinen Grundzügen esoterischen – Christentum die dogmatische Theologie jedesmal da nennen, wo sie in Hinblick auf die geistige Hinfälligkeit der Mehrheit die jeweils ungefährlichere und äusserlichere Lehre wählt und dadurch eine Schranke aufstellt.

17. Eine Upanischade lehrt, dass «der Mensch, hätte er auch alle Sünden begangen, sie auf dem Schiffe der Erkenntnis durchquert». – Im selben Sinne sagt das biblische Buch der Weisheit: «Und sie (die Weisheit) brachte ihn aus seiner Sünde und gab ihm Kraft über alles zu herrschen». – Wir erinnern uns in diesem Zusammenhang an den Ausspruch eines arabischen Derwischs: «Nicht ich habe von der Welt gelassen, sondern die Welt hat von mir gelassen.»

18. Die jenseitige «Gottesschau» der Seligen ist übrigens nur verhältnismässig «unmittelbar», ansonsten es in «des Vaters Haus» keine verschiedenen «Wohnungen» oder Rangstufen gäbe; ein durchaus unmittelbares Gottesschauen kann nur die höchste Stufe, die der Theosis sein; zu dieser stehen die anderen Grade in keinerlei Verhältnis, denn sie ist in Wirklichkeit gar keine «Stufe» mehr.

19. Der mittelalterlichen Lehre von der «doppelten Wahrheit» entspricht, wenn auch auf bewusstere und folgerichtigere Art und Weise, die vedantische Lehre, wonach gewisse Begriffe blosse Hilfsmittel sind: so erklärt Shankara die im *Veda* – wie in allen heiligen Schriften – auftretenden Widersprüche durch den Unterschied zwischen dem Hilfsbegriff *(anuvâda)* und der ihn je nach den geistigen Erfordernissen aufhebenden Grundidee *(apavâda);* im selben Sinne sagt Nâgârjuna, dass es nach Buddhas Lehre zwei Arten von Wahrheit gebe, nämlich die höchste und die erscheinungsmässige, und dass, wer diese Verschiedenheit nicht verstehe, auch nichts vom tiefsten Gehalte der Buddhalehre (des *Mahâyâna*) verstanden habe; in der Tat ist für den *Mahâyâna* nur das Unaussprechliche «wahr» oder «wirklich», alle Form – ob Lehre oder Weg – ist «unwirkliches Mittel» *(upâya).*

20. Sehr seltene Ausnahmen, wie etwa Böhme oder der Inder Kabîr, lassen sich nur durch ganz besondere Vorbedingungen erklären: bei Böhme der Umstand, dass die exoterisch zugespitzte Theologie die Gnosis, die zu vertreten er berufen war, in wesentlicher Beziehung ausschliesst, – daher die Unterscheidung von «Theologie» und «Theosophie», – und bei Kabîr das Nebeneinander zweier formdurchleuchtender Geistesströmungen, die vishnuitische und die islamische Mystik. Mit Häretikern, welche die Formen von aussen her und aus anmassender Unwissenheit durchbrechen, dürfen Erscheinungen wie die oben erwähnten niemals verwechselt werden.

Viertes Kapitel

Von den Formen der Kunst

Es mag überraschen, dass wir hier einen Gegenstand behandeln wollen, welcher scheinbar kaum eine Beziehung zum Inhalt der vorhergehenden Kapitel hat und der auch an sich nebensächlich zu sein scheint; allein, wenn wir hier auf die Frage nach dem Wesen der Kunstformen eingehen wollen, so geschieht es eben deshalb, weil sie geistig keineswegs unwichtig ist, sondern vielmehr in enger Beziehung zu den in diesem Buche behandelten Grundfragen steht. Zunächst sei folgendes klargelegt: wir sprechen von «Formen» und nicht einfach von «Kunst», um darauf hinzuweisen, dass das Wesen der Kunst in den Formen im weitesten Sinne liegt, so dass da, wo die Formen geistig falsch sind, auch die Kunst falsch ist. Um die Tragweite der Formen zu verstehen, muss man sich vor Augen halten, dass die wahrnehmbare Form dasjenige ist, was den erkennenden Geist am unmittelbarsten versinnbildlicht, und zwar wegen des umgekehrten Verhältnisses, welches bei einer Entsprechung zwischen Grundsätzlichem und Tatsächlichem besteht (1) und welches die Ähnlichkeit durch eine Gegensätzlichkeit ausgleicht: demzufolge geben sich die höchsten Wirklichkeiten am eindeutigsten in ihrem entferntesten Widerscheine, nämlich im Sinnlichen oder Stofflichen kund, und darin liegt auch der tiefste Sinn des Satzes, dass sich die äussersten Gegensätze berühren (2); dies erklärt zum Beispiel, warum ein Kristall der Vollkommenheit des Geistes irgendwie näher ist als das in seiner Umwegigkeit und Fehlbarkeit unvollkommene Denken.

Dieser Umstand, dass die sinnfälligen Formen auf ihre Weise die geistigen Wirklichkeiten am genauesten wiedergeben, erklärt auch, warum die überlieferungsgemässe Kunst Regeln hat, das heisst, warum sie auf das Gebiet der Formen kosmische Gesetze überträgt; wenn die Kunst aufhört, der Überlieferung treu und dadurch heilig zu sein, wenn sie bloss menschlich-willkürlich wird, so ist das ein unfehlbares Anzeichen – und beiläufig auch eine Ursache – eines geistigen Zerfalls (3). Allerdings ist es so, dass sich in geistig gesunden Kulturen, wie zum Beispiel in der christlichen des Mittelalters, die geistige Lebendigkeit nicht nur durch die Strenge und den inneren Reichtum der Formen, sondern gleichzeitig auch durch eine gewisse Gleichgültigkeit gegenüber den Formen als solchen kundgibt, und manchmal durch den Hang, sich ihrer zu entledigen; das läuft jedoch durchaus nicht auf die Gutheissung der künstlerischen Hässlichkeit und Barbarei hinaus, so wenig als die Armut aus dem Besitze vieler schlechter Dinge besteht. Die Geistigkeit der Form braucht neben sich, so sonderbar es klingen mag, eine die Form ablehnende Geistigkeit, aber auch das Umgekehrte ist wahr: die asketische Ablehnung schöner Formen setzt das allgemeine Vorhandensein wenigstens richtiger Formen voraus, also jedenfalls die Abwesenheit falscher Formen; auf dem Gebiete der Formen aber ist Verkehrtheit und Hässlichkeit eins. So ist es denn nicht erstaunlich, dass in einer Welt, wo die heilige Kunst abstarb, – wo folglich das Formentum von all dem, was der Geistigkeit zuwider ist, überflutet wurde, und wo fast jeder formhafte Ausdruck an der Wurzel verfälscht und verdorben ist, – dass in einer solchen Welt die Beschäftigung mit richtigen Formen eine geistige Bedeutung erhält, die ihr ursprünglich nicht zukommen konnte; denn die Abwesenheit von Geist in den Formen ist wie gesagt für eine unverdorbene Kultur sowohl tatsächlich als auch dem Begriffe nach ein Ding der Unmöglichkeit.

Was wir vom geistigen Gehalte der sinnfälligen Formen erwähnten, soll uns allenfalls nicht vergessen lassen, dass, je mehr man zu den Anfängen einer Religion zurücksteigt, die Formen desto weniger in künstlerischer Entfaltung erscheinen; das Unförmliche – die willkürliche Form – ist zwar immer ausgeschlossen, doch kann auch die künstlerisch gestaltete Form fast fehlen, sie ist kaum angedeutet. Die ersten Messen wurden in schlichten Wohnhäusern oder in Katakomben abgehalten; die erste Moschee in Medina war aus Palmstämmen und Erde gebaut; die Hindutempel waren zuerst Wälder, dann Holzbauten; dagegen nimmt das Formentum an Bedeutung zu, je näher man dem Ende des betreffenden Kulturzyklus kommt, denn die Formen sind nun zu unentbehrlichen Kanälen für die Erhaltung der Überlieferung geworden. Es sei nochmals darauf hingewiesen, dass Abwesenheit von Form keineswegs Anwesenheit von Missgestaltung bedeutet, noch umgekehrt; das Unförmliche und Barbarische erreicht niemals die erhabene Schönheit des Leeren, was auch jene darüber denken mögen, die allen Grund haben, aus der Not eine Tugend zu machen und einen Mangel für eine Überlegenheit auszugeben (4).

Die Entsprechung, die zwischen den geistigen Wahrheiten und den sinnlich wahrnehmbaren Formen besteht, erklärt übrigens, wie die Esoterik ausserhalb ihres streng beschaulichen Bereiches auch im Handwerk und namentlich in der Baukunst wurzeln konnte; die Münster, welche die christlichen Baumeister und Steinmetzen hinterliessen, legen das sprechendste Zeugnis vom geistigen Hochfluge des Mittelalters ab (5). Damit berühren wir die wichtige Frage des Einflusses, den die Esoterik vermittels der Kunstformen auf die Gesamtkultur ausübt: die Erzeugung dieser Formen ist das Leibgedinge der handwerklichen Einweihung, und durch diese mannigfachen, auch an sich vielseitigen und oft ineinandergewobenen Sinnbilder, welche in einer unmittelbaren und allgemeingültigen Sprache alle Weisheit verkünden, flösst die Esoterik dem äusseren Bereiche der Religion eine erkenntnismässige Eigenschaft ein, eine nicht in Worten ausgesprochene und doch allgegenwärtige Gnosis; dadurch wird der Kultur auch ein inneres Gleichgewicht verliehen, dessen Verlust letzten Endes ihre Zersetzung mit sich bringen muss, wie das in der abendländischen Welt tatsächlich geschehen ist.

Die geistig-künstlerische Richtigkeit der Formen entspricht auch in folgender Beziehung einer strengen Notwendigkeit: die geistigen Kräfte, welche an geweihten Orten wie heilbringende Düfte wirksam sind oder durch Ritus und Gebet ausgelöst werden, bedürfen einer formhaft einwandfreien Umgebung, das heisst eines ihrem Wesen und ihren Wirkungsgesetzen entsprechenden Rahmens auf körperhafter Ebene, ansonsten sie nicht strahlen können, auch wenn sie da sind; zwar mögen sie trotz allem in der Seele eines Heiligen strahlen, aber jedermann ist nicht heilig, und die gottgeweihten Formen sind dazu da, die geistigen Strahlungen zu erleichtern, nicht sie zu stören (6). Die heilige Kunst muss Gott und den Engeln gefallen und kann nur dadurch den Menschen nützen; was nur dem Menschen gefällt, das übt Verrat am Menschen. Die heilige Kunst hilft dem Menschen seine Mitte zu finden, den Born, wo die Gottesliebe von selber fliesst; der Daseinsstoff des Menschen ist Liebe, weil Gott aus Liebe schuf, und die Schönheit spricht zu dieser verborgenen Liebe.

*

Aus den vorhergehenden Betrachtungen ergibt sich zur Genüge, dass man den Formensinn niemals mit einem oberflächlichgefühlshaften Schönheitskult verwechseln darf. Wer Sinn für Formen hat, – jede alte Kultur hat ihn und jeder geistige Mensch sollte ihn haben, – der wird vielleicht einen prächtigen Tempel einer Strohhütte nicht vorziehen, denn die Form als solche kann ihm unter Umständen gleichgültig sein; er wird die Strohhütte aber immer einem töricht-schwülstigen Prunkbau vorziehen, denn die falsche Formensprache muss seinen Geist verletzen. Schwärmerische Schönheitsliebe geht dagegen nicht immer mit Formenverständnis Hand in Hand, wie es die abendländische Neuzeit – und im weitgehenden Masse auch das klassische Altertum – zur Genüge beweist.

Schönheit kommt von kosmischer Wirklichkeit, ist eine Kundgebung des Wahren und niemals blosse Sache des Geschmackes. Dieser ist als eine persönliche Beziehung zu einer besonderen Schönheit berechtigt, nicht aber als Masstab der Schönheit als solcher; jeder Geschmack muss einer inneren wie einer äusseren Wahrheit entsprechen, er hat also nur als Eigenart des Schönheitssinnes und in Hinsicht auf eigenartige Schönheit Berechtigung, kann keine Hässlichkeit zur Schönheit machen. Der schöne Mensch einer fernstehenden Rasse ist schon an sich schön, von Gott her und nicht bloss durch den Geschmack seiner Rassengenossen; die Grenzen unseres Schönheitssinnes haben keine Vorrechte, sind nicht besser als irgend eine andere Unwissenheit. Die Kurz- oder Fernsichtigkeit sind keine Sehweisen, sondern Unfähigkeiten, zu sehen; ein rechtmässiger Geschmack entspricht vergleichsweise einem Standpunkt im Raume, keinem Fehler des Auges.

Die Schönheit spiegelt Glück und Wahrheit wider: ohne das Element «Glück» bleibt nur die nackte, geometrische Form übrig; ohne das Element «Wahrheit» ist nur noch die inhaltslose Lust da. Die Schönheit steht gewissermassen zwischen der abstrakten Form und der blinden Freude, oder vielmehr, sie verbindet beide und verleiht der wahren Form die Freude und der wahren Freude die Form. Man kann auch sagen, dass die Schönheit eine Kristallbildung der kosmischen Allfreude ist: eine Grenzenlosigkeit, die sich durch eine Grenze ausdrückt. Die Schönheit ist immer mehr, als was sie gibt, aber gleichzeitig gibt sie auch immer mehr, als was sie ist: im ersten Sinne zeigt sich der Urgehalt als Schein, und im zweiten übermittelt der Schein den Urgehalt.

Die Schönheit Gottes entspricht irgendwie einer tieferen Wirklichkeit als seine Güte: das mag auf den ersten Blick verwundern, doch wird man sich hier des metaphysischen Gesetzes der «sich berührenden Extreme» erinnern, wonach die Ähnlichkeit zwischen dem Grundsätzlichen und dem Kundgegebenen eine Umkehrung bedingt, in dem Sinne, dass dasjenige, was grundsätzlich «gross» ist, in der Kundgebung «klein» erscheint, oder das im Grundsatz «Innerliche» in der Kundgebung «äusserlich», und umgekehrt (7). Nun ist eben kraft dieser umgekehrten Ähnlichkeit die Schönheit – im gewöhnlichen Sinne – beim Menschen äusserlich und die Güte innerlich, im Gegensatze zu demjenigen, was fürs Göttliche gilt, wo die Güte wie ein Ausdruck der beziehungslosen, sich selbst begründenden Allschönheit ist.

Die vielgestaltige Schönheit eines Heiligtums ist wie die Kristallbildung einer himmlischen Strömung, eines segnenden Strahles: es ist, als wäre diese unsichtbare Kraft in die verhärtende, zersplitternde und zerstreuende Materie gefallen und hätte sich in einen Regen kostbarer Formen verwandelt, – in eine Art Planetensystem der Sinnbilder, das uns umkreist und durchdringt. Der überwältigende und befreiende Stoss, welcher von der heiligen Kunst ausgeht, gleicht demjenigen der Segenskräfte: er ist wie diese unmittelbar und seinshaft; er übersteigt das Denken und erfasst unser Wesen in dessen Daseinsstoff.

*

Die gotische Kunst ist voller Wucht und Geheimnis; auch die byzantinisch-romanische Kunst hat das Geheimnis, aber anstelle der Wucht tritt die hieratische Strenge; anstelle der Dramatik kommt ein unirdischer Zug, eine goldene Jenseitigkeit. Da, wo die Gotik zum Kleinod wird, etwa in der Sainte-Chapelle, hat sie eine Heiterkeit an sich, und zugleich etwas Blumenhaftes, mit Rose, Lilie und Enzian Verwandtes.

Die westliche Christenheit konnte das römische Heidentum nie restlos überwinden: nachdem es jahrhundertelang unter den geistigen und künstlerischen Kostbarkeiten des Mittelalters geschwelt hatte, brach es als «Renaissance» mit umso roherer Wucht rächend hervor und zerstörte die rechtmässigen Ausdrucksformen des Christentums auf fast allen Gebieten; so zerstörte es gerade das, was von der erlösenden Schönheit Christi und Mariä in den sakralen Formen weiterleben sollte. Denn die Schönheit des *Avatâra* erstreckt sich auf die gesamte heilige Kunst, auf das unermessliche Gebiet der jeder Religion organisch zugehörigen Formensprache: die Buddhas, heisst es, erlösen nicht nur durch Lehre und Segen, sondern auch durch die überwältigende Schönheit ihrer Erscheinung. Die heilige Kunst ablehnen, wie es die Renaissance und die ganze abendländische Neuzeit tut, – und das ist geradezu ihr sinnfälligster Wesenszug, – heisst die Formen ihrer von Gott her in sie hineingesenkten Schönheit und dadurch ihrer besonderen, unersetzlichen Ausstrahlung berauben.

Die islamische Kunst verbindet die freudige Vielgestalt der Pflanzenwelt mit der abstrakten und reinen Strenge der Kristalle; so ist eine reichverzierte Gebetsnische wie ein Garten, dessen Blüten zu Schneeflocken erstarrt sind und dessen Ranken sich zu Arabesken auflösen. Diese Mischung von pflanzlicher Fülle und kristallener Jenseitigkeit finden wir schon im Koran vor, wo die Geometrie der Gedanken gleichsam verborgen ist unter dem Geranke der Formen.

Die Kunst der Hindus hat etwas von der wogenden Schwere des Meeres an sich und gleichzeitig etwas von der Fülle des Urwaldes: sie ist üppig, sinnlich glühend, weich und rhythmisch, dem Tanze nahe verwandt, ist wie aus dem Urtanze der Götter entstanden.

*

Man hat sich oft darüber gewundert, dass die morgenländischen Völker – jene nicht ausgenommen, die als die künstlerisch begabtesten bekannt sind – meist völlig versagen, wenn es darum geht, abendländische Erzeugnisse nach ihrem Schönheitswerte zu beurteilen. All die aus der Welt der Maschine stammenden Abscheulichkeiten – und auch die Plattheiten einer gewissen Kunst – verbreiten sich im Morgenlande mit unglaublicher Leichtigkeit und zwar nicht nur unter dem Drucke politischer und wirtschaftlicher Beweggründe, was nicht erstaunlich wäre, sondern hauptsächlich mit der freien Einwilligung jener, die allem Anscheine nach eine Welt der Schönheit geschaffen hatten, das heisst eine Kultur, deren Ausdrücke insgesamt – bis zu den bescheidensten herab – den Siegel eines einzigen Genius tragen. Seit Anbeginn der abendländischen Einsikkerung in alte Kulturwelten konnte man mit Erstaunen neben den vollkommensten Kunstgegenständen die gemeinsten Erzeugnisse der Industrie finden, und diese verwirrenden Widersprüche traten nicht nur im Bereiche der Kunstgegenstände auf, sondern fast überall, ganz abgesehen davon, dass in einer gesunden Kultur jegliches von Menschen angefertigte Ding irgendwie der «Kunst» entstammt, da hier keine scharfe Trennungslinie zwischen Kunst und

Gewerbe besteht. Die Deutung dieses Widersinns ist jedoch sehr einfach, und wir haben sie auch schon angetönt: die Formen, auch die geringfügigsten, sind eben nur auf beiläufige Weise Menschenwerk; im Wesentlichen entspringen sie derselben übermenschlichen Quelle, aus welcher alle wahre Kultur herkommt, und dies bedeutet, dass der in einer «risslosen» Kultur lebende Künstler unter dem Gesetze – oder unter der Eingebung – eines ihn übersteigenden Genius arbeitet; so ist er im Grunde nur dessen Werkzeug, und dazu genügt schon die blosse handwerkliche Eignung und Tüchtigkeit (8). Daraus ergibt sich, dass der Geschmack des Einzelnen bei der Erzeugung solcher Kunstformen eine verhältnismässig geringe Rolle spielt; sobald sich der geistig unbewusste Einzelmensch einer seinem Kulturgenius fremden Form gegenüber sieht, wird er hilflos wie ein steuerloses Schiff. Eine solche Maßstablosigkeit setzt immerhin voraus, dass das Volk, welches derartige Verirrungen annimmt, seinen eigenen Genius nicht mehr voll versteht, oder anders gesagt, dass es nicht mehr auf der Höhe der Formen sei, mit welchen es sich noch umgibt; solch ein Volk nimmt die neuzeitlichen Hässlichkeiten umso bereitwilliger an, als sie niedrigen Möglichkeiten entsprechen, die es ohnehin und von sich aus auf irgendeine Weise zu verwirklichen sucht, wenn auch unbewusst und innerhalb bestimmter Grenzen; da ist die Möglichkeit der Willkür, der geistigen Gesetzlosigkeit, dann die der Gefühlsbetonung, und so fort. Aber selbst wenn man diese Erklärung dessen, was bei den Nichteuropäern als ein völliger Mangel an Geschmack erscheint, nicht gar zu sehr verallgemeinern will, bleibt immerhin eines gewiss, nämlich dass die meisten Morgenländer die Bedeutung der Formen, die sie mitsamt der Religion von ihren Vorvätern ererbten, selber nicht mehr zu begreifen vermögen.

Alles, was wir soeben erörtert haben, gilt selbstverständlich in erster Linie von den Abendländern selber, denn von ihnen geht die Formenzersetzung aus. Wir wissen wohl, dass jene, die um keinen Preis die Sinnlosigkeit und die hoffnungslose Hässlichkeit der modernen Welt zugeben möchten, gerne das Wort «ästhetisch» gebrauchen, – mit dem Beigeschmack, der auch den Wörtern «malerisch» und «romantisch» anhaftet und einem Belächeln gleichkommt, – um von vornherein den wahren Formensinn zu ächten und sich im System ihrer Barbarei umso wohler zu fühlen; eine solche Haltung ist bei Anbetern des sogenannten «Fortschritts» nicht überraschend, hingegen ist sie bei denen, die sich auf die christliche Kultur berufen, zum allermindesten unfolgerichtig und im Grunde von einer empörenden Undankbarkeit. Es geht nicht an, die innerlich und äusserlich echte und gottgewollte Sprache der christlichen Kunst – eine Sprache, der man doch ihre Schönheit nicht zum Vorwurf machen kann – auf eine weltliche Geschmacksfrage herabzumindern, als ob das mittelalterliche Kunstschaffen aus Zufall oder Willkür entstanden wäre: man kann nicht das Gepräge, welches der Genius des Christentums all seinen unmittelbaren und mittelbaren Ausdrücken verlieh, als etwas Beiläufiges abtun, als etwas, was keinerlei Beziehung zu diesem Genius und keinerlei ernstzunehmende Tragweite hätte, oder gar einer geistigen Minderwertigkeit entsprungen wäre. «Der Geist allein ist wichtig», so lautet die Ausrede von Ignoranten, die voll von einem scheinheiligen und lendenlahmen Puritanertum sind und das Wort «Geist» umso bereitwilliger in den Mund nehmen, als sie die Letzten sind, es zu verstehen.

Um die Ursachen des Kunstzerfalls im Abendlande besser wahrnehmen zu können, muss man unter anderem auch berücksichtigen, dass im europäischen Wesen eine Art gefährlicher «Idealismus» steckt, welcher an diesem Zerfall – wie auch an demjenigen der gesamten abendländischen Kultur – nicht unbeteiligt ist. Dieser «Idealismus» fand seinen glänzendsten und zugleich tiefsinnigsten und ehrwürdigsten Ausdruck in gewissen Formen der gotischen Kunst: in jenen nämlich, die von einem «dynamischen», dem Steine gleichsam seine Schwere nehmenden Höhendrange beseelt sind; dagegen ist die byzantinische und romanische – ebenso wie eine gewisse noch ihre «statische» Gewalt bewahrende Gotik – eine wesentlich erkenntnismässige, also «realistische» Kunst. Der spätgotische «Flammenstil» entspricht trotz seiner Leidenschaftlichkeit immer noch einem durchaus überlieferungstreuen Kunstschaffen, – mit Ausnahme der Bildhauerei und der Malerei, die schon recht verdorben und oft ausgesprochen «bürgerlich» sind, – ist aber trotzdem etwas wie der «Schwanengesang» dieser Kunst, und zwar gerade durch seine Neigung, sich ins Endlose, Gleichgewichtslose zu steigern, den Stein in aufschäumende Mystik, in Musik zu verwandeln. In der Renaissance – dieser gleichsam über den Tod hinauswirkenden Rache des klassischen Altertums – ergiesst sich dann der europäische «Idealismus» in die ausgegrabenen Sarkophage der griechisch-römischen Kultur und verliert sich im teils gewalttätigen, teils süsslichen Pathos eines den Menschen vergötternden Neuheidentums. Was sich da vollzog, war ein doppelter Selbstmord: einmal das Wegwerfen der mittelalterlichen Kunst, das heisst der christlichen Kunst überhaupt, und dann die Übernahme der griechisch-römischen Formen: denn dadurch, dass man sich diese geistlosen Formen aneignete, durchseuchte man sich mit dem Gifte ihres eigenen Verfalls; zudem kleidete man die christliche Wahrheit in ein heuchlerisch-schauspielerisches Gewand.

Hier muss ein möglicher Einwand beantwortet werden, nämlich die Frage, ob denn die Kunst der Urchristen nicht eben die römische gewesen sei. Darauf ist zu antworten, dass die wirklichen Anfänge der christlichen Kunst die sinnbildlichen Zeichnungen der Katakomben sind, und nicht die von den Christen – die ja selber zum grossen Teil der römischen Kultur angehörten – in vorläufiger und ganz äusserlicher Weise dem «klassischen» Verfall entlehnten Formen; das Christentum war ja dazu berufen, diesen Verfall durch eine neue, aus einem ureigenen, zum Teil nordischen Genius geborene Kunst zu ersetzen, und in der Tat: wenn auch gewisse römische Einflüsse innerhalb der christlichen Kunst stets weiterwirkten, so blieben sie doch auf mehr oder minder unwesentliche Einzelheiten beschränkt, etwa auf den Faltenwurf der dargestellten Gewandung; die zu sich selbst herangereifte christliche Kunst zerbrach die antiken Schalen mit zeitloser Urgewalt.

*

Die überlieferungsgemässe Kunst allein, – im weitesten Sinne des Wortes, also insofern als die Kunst alle äussere Form und alles in irgendeiner Weise dem Ritus Zugehörende, also alles «Liturgische» in sich schliesst, – diese Kunst allein kann die sinngemässe Entsprechung zwischen der göttlichen und kosmischen Ordnung einerseits und der menschlichen und künstlerischen andrerseits verbürgen. Es folgt daraus, dass der überlieferungstreue Künstler nicht danach trachtet, bloss die Natur nachzuahmen, sondern dass er «die Natur in ihrer Wirkungsweise nachahmt» (Thomas von Aquino), und es liegt auf der Hand, dass der Künstler eine solche wahrhaft kosmische Wirkungsweise nicht mit eigenen Mitteln erfinden kann. Aus der vollkommen echten, den Regeln der Überlieferung gehorchenden Angleichung des Künstlers an diese Wirkungsweise ergibt sich das Meisterwerk; das heisst, diese Angleichung setzt wesentlich eine Erkenntnis voraus, die entweder eigen, unmittelbar und tätig, oder aber ererbt, mittelbar und hinnehmend ist; letzteres trifft auf die Handwerker zu: sie sind sich im allgemeinen des übermenschlichen

Gehaltes der Formen, welche sie zu gestalten erlernten, nicht bewusst und vermögen deshalb dem zersetzenden Einfluss des neuzeitlichen Abendlandes meist nicht zu widerstehen.

Um nun einen Begriff von den Grundsätzen der überlieferungstreuen Kunst zu vermitteln, wollen wir einige der allgemeinsten und nächstliegenden davon erwähnen: vor allem soll das Werk dem Gebrauche, zu dem es gemacht ist, voll Rechnung tragen, und es soll diese Zweckmässigkeit auch verdeutlichen; sofern Sinnbilder hinzugefügt werden, sollen sie der dem Gegenstande selbst innewohnenden Sinnbildlichkeit entsprechen und so auf ihre Weise zur «magischen» Brauchbarkeit des Gegenstandes beitragen; es soll kein Widerstreit zwischen Wesentlichem und Beiläufigem, sondern Einklang durch richtige Abstufung herrschen, was sich übrigens aus der Reinheit der Sinnbildlichkeit ergibt; die Behandlung des Werkstoffes soll diesem gemäss sein, so wie seinerseits der Werkstoff dem Gebrauche des Gegenstandes gemäss sein muss; schliesslich soll der Gegenstand nicht etwas anderes vortäuschen, als was er ist, denn aus einer solchen Vortäuschung ergibt sich stets der unangenehme Eindruck der Überflüssigkeit, und in der Tat ist der Augenbetrug sinn- und nutzlos. Die grossen Neuerungen der naturalistischen Kunst lassen sich demnach auf ebensoviele Verstösse gegen die Grundsätze richtiger Kunst zurückführen: erstens, in der Bildhauerei, auf die Missachtung der Unbeweglichkeit und Zeitlosigkeit des Stoffes, sei er nun Stein, Metall, Holz, Tonerde oder Elfenbein, und zweitens, in der Malerei, auf den Verstoss wider die Natur der Fläche; im ersten Falle wird der unbewegliche Stoff so behandelt, als wäre er lebendig, während er doch seinem Wesen nach statisch ist und demgemäss nur die Darstellung unbewegter Körper oder aber wesentlicher – also zusammenfassender – Teilanblicke einer Bewegung zulässt; im zweiten Falle, dem der Malerei, wird die ebene Fläche so behandelt, als wäre sie der Raum in seiner dreifachen Ausdehnung, und das geschieht sowohl durch die skrupellosen Verkürzungen als auch durch die bohrenden und aushöhlenden Schatten (9). Es ist klar, dass die wesentlichen Kunstgesetze nicht einfach «ästhetischen» Erwägungen entspringen, sondern dass es sich hier im Gegenteil um die Anwendung kosmischer Gesetze handelt, deren notwendiges Ergebnis die ihrer Ebene entsprechende Schönheit ist. In der naturalistischen Kunst liegt die Schönheit eigentlich nicht im Werke selber, sondern allein im Gegenstand, den dieses Werk abbildet, während in der sinnbildlichen und überlieferungstreuen

Kunst das Werk an sich schön ist, gleichviel ob es mehr oder weniger schriftartig sei oder ob es seine Schönheit in irgendeinem Maße aus einem Vorbilde der Natur beziehe. Nichts vermöchte das, was wir soeben sagten, besser zu verdeutlichen als der Vergleich zwischen der sogenannten «klassischen» und der altägyptischen Kunst: die Schönheit der letzteren liegt in der Tat nicht nur im abgebildeten Gegenstande, sondern gleichzeitig und erst recht im Werk als solchem, in seiner geistigen Vornehmheit und seinem Sinn fürs Ewige. Dass die naturalistische Kunst manchmal einen Adel des Gefühls oder eine kraftvolle Klugheit auszudrücken vermag, ist selbstverständlich und erklärt sich zur Genüge aus dem ausgleichenden Wechselspiel der Möglichkeiten, wie ja auch manch wahrheitsgetreuer Mensch Schwächen und manch Irregeleiteter Tugenden hat, ansonsten die Welt nur aus zwei Hälften bestünde, einer weissen und einer schwarzen, und folglich gar nicht möglich wäre; wie dem auch sei: der Adel oder die Geisteskraft eines grundsätzlich falschen Kunstwerkes ist von der Kunst als solcher unabhängig, kein edler Inhalt und keine kluge Behandlung kann die Falschheit der Grundsätze rechtfertigen und vollends überbrücken. Die Tatsache allein, dass die Natur richtig nachgeahmt wird, macht noch nicht den Naturalismus im schlechten Sinne aus, sondern erst die Beschränkung der Kunst auf eine solche Nachahmung verdient diesen Vorwurf. Dass eine mehr oder weniger genaue Naturbeobachtung keineswegs unvereinbar mit einer heiligen und sinnbildlichen Kunst ist, beweist besonders die altägyptische und auch die ostasiatische Kunst: in solchen Fällen geht die Naturbeobachtung nicht aus leidenschaftlichem Tatsachenkult und geistiger Oberflächlichkeit hervor, sondern im Gegenteil aus einer besonderen Art beschaulicher Sachlichkeit, welche die Naturnähe mit geometrischer Strenge verbindet und mildert; die für den gewöhnlichen Naturalismus so bezeichnende Zufälligkeit und Äusserlichkeit fällt weg, weil das Zeitlose, die platonische Idee, im Vordergrund steht. Bei den chinesischen Landschaftsmalern wird die Schärfe der Beobachtung durch das halb Schriftartige, halb Traumhafte gedämpft; das Holzbild des japanischen Heiligen schaut aus der Ewigkeit, mögen die Züge noch so wahrheitsgetreu sein; die wirklichkeitsnahen Umrisse einer Gazelle auf einer indischen Kleinmalerei gliedern sich in eine teppichartige Fläche ein, werden ins Märchenhafte hineingewoben.

*

Die byzantinische Muttergottes – welche der Überlieferung nach auf den Evangelisten Lukas und auf die Engel zurückgeht – ist der «Wahrheit» Mariä unendlich viel näher als das naturhörige Bildnis, das ja notgedrungen immer eine andere Frau darstellt, denn entweder stellt man die heilige Jungfrau so dar, wie sie ausgesehen hat, dann aber muss der Maler sie gesehen haben; oder man bietet von der Jungfrau und von ihrer geistigen Wirklichkeit ein Sinnbild dar, aber dann hat sich die Frage der äusserlichen Ähnlichkeit nicht mehr zu stellen. Diese zweite Lösung, die allein sinnvoll ist, wird in den Ikonen verwirklicht: was diese nicht durch die leibliche Ähnlichkeit darzustellen vermögen, das drücken sie mit der Sprache des Sinnbildes aus, einer Sprache, welche die Strenge des Geistes mit dem Jubel der Erlösung verwebt. Die Ikone vermittelt die Heiligkeit der Jungfrau und gleichzeitig auch die dem heiligen Bilde dank seines sakramentalen Wesens innewohnende Segenskraft; so wird die Ikone der inneren Wirklichkeit der Gottesmutter gerecht, und dadurch auch der kosmischen und göttlichen Wirklichkeit, welche Maria auf menschlicher Ebene verkörpert, während das naturalistische Bild – abgesehen von seiner offenbaren und unvermeidlichen Lüge – nichts als die Tatsache vermittelt, dass Maria eine Frau war. Zwar mag vorkommen, dass auf dieser oder jener Ikone die Gesichtszüge wirklich denen der lebenden Maria gleichen, – sofern das der byzantinische Stil überhaupt zulässt, – doch eine solche Ähnlichkeit ist von der Sinnbildlichkeit und von der schriftmässigen Schönheit und Wirkungskraft des Bildes unabhängig, ist eine Gnade für sich, eine Eingebung, deren sich der Künstler kaum bewusst sein kann.

Dass man fähig sei, den geistigen Wert einer Ikone oder eines ihr entsprechenden Kunstwerkes wahrzunehmen, hängt vom Vermögen zu beschaulicher Erkenntnis ab, auch von sachlichem Wissen auf dem Gebiete des Heiligen, aber keineswegs von bloss äusserlicher «Bildung» oder willkürlichem «Geschmack»; die Kunst ist für alle, und je heiliger sie ist, desto mehr Geltung hat dieser Grundsatz. Es ist jedenfalls völlig falsch, zur Rechtfertigung der naturalistischen Kunst zu behaupten, die Menge bedürfe einer «zugänglichen», das heisst einer seichten oder theatralischen Kunst; übrigens hat nicht das Volk die Renaissance (10) hervorgebracht, – die zwar menschlich nicht platt, dafür aber geistig hohl ist und die Grundlage aller süsslich-pathetischen Kirchenkunst bildet, – sondern sie ist aus dem Zäsarenwahnsinn eines übersättigten, protzigen Bürgertums entstanden; dass eine solche Kunst ein Hohn auf die Frömmigkeit des schlichten Mannes ist, bedarf keiner langen Erörterungen. Das künstlerische Ziel der Renaissance und der ganzen neuzeitlichen Kunst ist weit entfernt von dem, was das Volk wirklich braucht; fast alle wundertätigen Muttergottesbilder, zu denen die Menge wallfahrtet, sind byzantinisch oder romanisch, und niemand wird wohl behaupten wollen, dass die schwarze Farbe oder der fremdartige Typus vieler dieser Bildnisse notwendigerweise dem volkstümlichen Geschmack entspreche oder ihm besonders zugänglich sei; aber selbst wenn man von der falschen Voraussetzung ausgeht, die Menge brauche eine hohle und alberne Kunst, berechtigt das noch lange nicht dazu, den Bedürfnissen der geistig begabteren Minderheit jegliche Daseinsberechtigung abzusprechen.

Durch das bereits Gesagte beantworten wir eigentlich schon die Frage, ob denn die heilige Kunst ausschliesslich für die geistig Hochbegabten bestimmt sei, oder ob sie auch der breiten Menge etwas zu vermitteln habe. Diese Frage löst sich von selber, wenn man dem allgemeingültigen Wesen jeder Sinnbildlichkeit Rechnung trägt, dank welchem die heilige Kunst nicht nur Wirklichkeiten des Geistes, des Kosmos, der Gottheit erschliesst, sondern auch Schönheiten der Seele, die mittelbar wieder ins rein Geistige münden; man könnte sagen, dass die Kunst «tiefsinnig» und «einfältig» zugleich ist, und dieses Nebeneinander oder Ineinander von Einfalt und Tiefe ist gerade eines der augenfälligsten Kennzeichen der heiligen Kunst. Diese «Kindlichkeit» ist nichts weniger als ein Zeichen von Minderwertigkeit, sondern sie offenbart im Gegenteil, was der gesunde Zustand der menschlichen Seele ist; dagegen kann die scheinbare Gescheitheit der naturalistischen Kunst – das heisst ihr gleichsam «teuflisches» Geschick, die Natur in ihrer Äusserlichkeit und Zufälligkeit restlos nachzuahmen – nur einer verbildeten Sinnesart entsprechen, also einer seelischen Haltung, die nichts mit der ursprünglichen Einfalt und «Unschuld» zu tun hat. Wenn sich also die heilige Kunst an das beschauliche Erkennen wendet, richtet sie sich gleichfalls an das gesunde menschliche Empfinden; diese Kunst allein verfügt über eine allgemeingültige Sprache, und keine andere ist fähig, besser das Volk und gleichzeitig die geistig führende Oberschicht anzusprechen. Was jenen scheinbar kindlichen Zug der frommen oder geistigen Sinnesart angeht, wollen wir übrigens an die Ermahnung Christi erinnern, «gleich den Kindern» oder «ohne Falsch wie die Tauben» zu sein, denn diese Worte, was auch ihre tiefere geistige Bedeutung sein mag, beziehen sich selbstverständlich auch auf das gewöhnliche Seelenleben.

*

Die Kirchenväter des achten Jahrhunderts waren sich der Heiligkeit aller Ausdrucksmittel der Religion noch voll bewusst, im Unterschiede zu den kirchlichen Obrigkeiten des fünfzehnten und des sechzehnten Jahrhunderts, welche die christliche Kunst der chaotischen Leidenschaft der Weltleute und der willkürlich-unwissenden Einbildungskraft der Laien überliessen. Am zweiten Konzil von Nikäa haben die Väter vorgeschrieben, dass «allein die Kunst, das heisst die Vollendung der Arbeit, dem Künstler zu eigen» sei, während «die Wahl des Gegenstandes sowie die Anordnung (nämlich die Behandlung des Gegenstandes in Hinblick auf die Sinnbildlichkeit sowohl als auch in technischer oder stofflicher Hinsicht) den Vätern zusteht» *(Non est pictoris – ejus enim sola ars est – verum ordinatio et dispositio Patrum nostrorum);* so war alles künstlerische Schaffen unmittelbar der tätigen Führung der geistigen Oberhäupter unterstellt, und diese Oberhäupter taten nichts anderes, als die heiligen – weil vom Heiligen Geiste gewollten und von der Überlieferung bewahrten – Regeln der Kunst vor allen Übergriffen zu bewahren.

Das bedauerliche und folgenschwere Unverständnis späterer Jahrhunderte hängt damit zusammen, dass der glaubensmässige Standpunkt – im engsten Sinne – mit dem moralischen Standpunkt zusammenfällt, welcher ja nur den Verdienst schätzt und daher die Erkenntnis gering achtet; nun ist die Vollkommenheit der sinnlichen Form ebensowenig wie die Gnosis im moralischen Sinne «verdienstlich», es ist also nur folgerichtig, dass die sinnbildliche Form – da sie nicht mehr verstanden wird – zurückgedrängt und schliesslich fallen gelassen werde, und zwar zugunsten eines bloss noch die gefühlsmässige Vorstellungskraft ansprechenden Ausdrucksmittels; glaubt man ja, diese allein sei dazu angetan, dem beschränkten Menschen die verdienstliche Tat einzuflössen. Allein, diese Art und Weise, mit Hilfe oberflächlicher und plumper Mittel fromme Regungen erzielen zu wollen, erweist sich letzten Endes als eine Fehlrechnung, denn in Wirklichkeit vermag nichts besser die tieferen Veranlagungen der Seele zu beeinflussen, als eine wahrhaft heilige Kunst; die weltliche Kunst hingegen – trotzdem sie auf geistig schwach begabte Seelen eine tröstende Wirkung ausüben kann – erschöpft ihre Mittel gerade wegen ihrer Oberflächlichkeit, sie steht wie ein Mittel zur Verdummung da, man glaubt nicht, dass dahinter etwas Wirkliches stehen könne. Es ist eine alltägliche Erfahrung, dass nichts der Feindschaft gegen die Religion eine handgreiflichere Nahrung bietet als die blöde Scheinheiligkeit des frömmelnden Bilderkrames; was dazu dienen sollte, bei den Gläubigen die Frömmigkeit anzuregen, bestärkt nun die Ungläubigen in ihrer Auflehnung. Die heilige Kunst, das muss jeder zugeben, ist nicht im selben Masse ein «zweischneidiges Schwert», denn da sie abstrakter ist, gibt sie viel weniger Anlass zu feindlichen Rückwirkungen.

Das Kunstwerk soll sich nicht vergleichend neben die Schöpfung Gottes stellen und diese gewissermassen ersetzen wollen, es soll die wesentlichen, kosmischen und geistigen Anblicke der Dinge offenbaren, denn nur darin besteht der zureichende Grund der Kunst. Das Geschöpf spiegelt einen «veräusserlichten» Anblick Gottes; für den Künstler jedoch spiegelt das Werk im Gegenteil eine «innere» Wirklichkeit, von welcher er selbst nur eine Veräusserung ist. Gott erschafft sein eigen Bild, während der Mensch gewissermassen sein eigenes Urwesen gestaltet; ja, der tiefe Sinn des wahren Kunstschaffens liegt darin, dass das Werk irgendwie mehr als der Künstler sei (11), und dass es ihn zu den Ufern seiner eigenen göttlichen Wesenheit zurückführe.

*

Alle vorhergehenden Betrachtungen handelten vom Unterschiede zwischen hieratisch-sinnbildlicher und individualistisch-naturalistischer Kunst, also gewissermassen zwischen Mittelalter und Neuzeit; nun könnte man allerdings einwenden, das heisse «Eulen nach Athen tragen», denn gerade heutzutage stösst ja der Naturalismus auf heftige Ablehnung, es sei denn, er gleiche die verpönte Naturnähe durch die Krankhaftigkeit des Inhaltes aus und werde dadurch «zeitgemäss». Die Gründe, aus welchen wir den Naturalismus ablehnen, sind aber so ziemlich das Gegenteil der «zeitgemässen» Begründungen: denn diese fußen nicht auf metaphysischem Wissen und auf Kenntnis der allgemeinen, im Wesen der Dinge liegenden Kunstgesetze, – und selbstverständlich ebenso wenig auf Kenntnis der kanonischen Regeln dieser oder jener Überlieferung, – sondern im Gegenteil auf einer noch nie dagewesenen geistig-seelischen Entgleisung (12) ; somit ist die naturalistische Bilderei des Altertums, der Renaissance, des Barock, des XIX. Jahrhunderts trotz allem doch weniger schlecht als «abstrakte» oder gar «surrealistische» Kirchenkunst, oder was es alles an Zwischenmöglichkeiten geben mag, und zwar aus dem einfachen Grunde, weil das bloss Menschliche immer noch besser ist als das Teuflische; und der «Pferdefuss» verrät sich hier schon in der fanatischen und zerstörerischen Verabsolutierung der schrankenlosen Willkür und Selbstgerechtigkeit. Nicht, dass wir gegen abstrakte Kunst als solche wären, – diese bejahen wir in jedem unverdorbenen Kunstgewerbe und in jeder Zierkunst, sei es bei Europäern oder bei Kaffern, – sondern wir wenden uns gegen ihre Entgleisung und ihre Anmassung; zwar kann es selbst im heutigen Abendlande vorkommen, dass abstrakte Malerei gute Formen und Farben aufweist, wenn nur die falsche Absicht nicht wäre, und wenn nur das wenige Annehmbare nicht durch die erdrückende Mehrheit des Schlechten – und dessen Erhebung zur Weltanschauung – reichlich aufgewogen würde.

Was nun die weiter oben behandelte, in Griechentum und Renaissance verwurzelte, also im weitesten Sinne «klassizistische» Kunst anbelangt, so rechtfertigt sich die Strenge unseres Urteils dadurch, dass wir in unseren Betrachtungen vor allem die heilige, weniger die weltliche Kunst im Auge haben; bei letzterer hat es wohl immer wieder Werke gegeben, welche die Unrichtigkeit der «klassizistisch-naturalistischen» Grundsätze – geometrische Raumestiefe mit entsprechenden Verkürzungen, aushöhlende Schatten usw. – überbrückten und seelische oder kosmische Werte in fast einwandfreier Form zum Ausdruck brachten, etwa wenn es sich um die Darstellung einer Winterlandschaft oder eines blühenden Baumes handelte, manchmal sogar bei Bildnissen; bei der kirchlichen Kunst hingegen sind mildernde Umstände höchstens auf die Frührenaissance anwendbar. Es ist schwer, in dieser Hinsicht ein umfassendes Urteil zu fällen, weil sich hier zwei Welten überschneiden: an der heiligen Kunst gemessen – diejenige der Ikonen oder der sogenannten Primitiven – ist die Malerei des Quattrocento schon entgleist, im Vergleich zur Hochrenaissance jedoch ist sie immer noch flächenhaft, beschaulich und rein.

Wie dem auch sei, muss immer wieder darauf hingewiesen werden, dass die heilige Kunst im strengen Sinne eine Sprache redet, die in ihrer Essenz niemals die geniale Schöpfung eines Einzelnen sein kann; sie muss aus der Offenbarung hervorgehen, und das bedeutet, dass das Kunstwerk von einem im Gnadenzustande befindlichen Künstler (13) ausgeführt werden muss. Weit entfernt davon, nur der oberflächlichen Belehrung oder Erbauung zu dienen, schlägt die Ikone – gleich jedem anderen Sinnbilde – eine Brücke vom Sinnlichen zum Geistigen: «Durch den sichtbaren Anblick» – sagt der heilige Johannes Damaszenus – «soll unsere Seele in einem geistigen Aufschwunge mitgerissen werden und emporsteigen bis zur unsichtbaren Herrlichkeit Gottes.»

Anmerkungen

1. «Die Kunst» – sagt Thomas von Aquino – «ist der Erkenntnis beigesellt.»

2. Aus dem gleichen Grunde senkt sich auch die göttliche Offenbarung in den Leib und nicht nur in die Seele des Gottgesandten herab, was übrigens voraussetzt, dass dieser Leib vollkommen sei: «Nach dem Kommentar des Mohyiddîn ibn Arabî ist diese Nacht (der Herabkunft des Korans) gleichbedeutend mit dem Leibe des Propheten. Besonders ist darauf zu achten, dass die Offenbarung nicht etwa im Denkvermögen, sondern im Körper des gottgesandten Wesens empfangen wird: *Et Verbum caro factum est* sagt auch das Evangelium *(caro* und nicht *mens),* und das ist in der Form, die der christlichen Überlieferung eignet, ein genauer Ausdruck für das, was in der islamischen Überlieferung *laylatul-qadr* bedeutet.» (René Guénon, *Les deux nuits,* in *Etudes Traditionnelles,* April und Mai 1939).

3. Wir denken hier an den Niedergang gewisser Zweige der heiligen Kunst seit der Gotik, vor allem der Spätgotik, sowie an den Niedergang der ganzen abendländischen Kunst seit der Renaissance. Die christliche Kunst (Baukunst, Bildhauerei, Malerei, liturgische Goldschmiedekunst usw.), die zuvor eine heilige, sinnbildliche, geistige Kunst war, musste damals der weltlichen, gefühlsbetonten, leidenschaftlich-großsprecherischen Kunst eines nachgeahmten Altertums weichen.

4. Gewisse Leute behaupten unbedenklich, das Christentum sei über alle Formen erhaben und daher keiner Kultur gleichzusetzen; wir verstehen wohl, dass man sich über den Verlust der christlichen Kunst trösten möchte, allein, die erwähnte Meinung ist nichtsdestoweniger ein recht übler Scherz, – ganz abgesehen davon, dass ja auch Jesus und Maria einer bestimmten Rasse angehören mussten. – Der neue kirchliche Erlass über die Gesetze der sakralen Kunst hat genau besehen nur einen verneinenden Inhalt, indem er nur insofern ein Minimum von «Überlieferung» beibehält, als er vermeiden will, dass die Formen willkürlich werden bis zur Unkenntlichkeit ihres Gegenstandes; mit anderen Worten, was dieser Erlass bezweckt, – und was spätere Verdeutlichungen bezwecken, – ist lediglich, dass die Gläubigen einen Kirchturm nicht mit einem

Fabrikschlot verwechseln und dass die dargestellten Heiligen nicht wie Spottbilder aussehen. Darüber hinaus rechtfertigt der besagte Erlass alle Irrtümer der letzten Jahrhunderte, indem er lehrt, dass die kirchliche Kunst «die Sprache ihres Zeitalters» sprechen müsse; man stellt sich nicht im Geringsten die Frage, was denn ein «Zeitalter» überhaupt ist, und was seine rechtmässigen Ansprüche sein mögen, sofern es welche hat. Ein derartiger Grundsatz, in dessen Namen man sogar verkündet, dass «die moderne kirchliche Kunst auf der Suche nach einem neuen Stile» sei, – als ob jemals in der Weltgeschichte ein Stil «gesucht» worden wäre, – enthält inbegriffenermassen ein abermaliges, wenn auch unabsichtliches Verwerfen der heiligen Kunst.

5. Vor einem Münster fühlt man sich wirklich im Mittelpunkte der Welt; vor einer Kirche im Stil der Renaissance, des Barocks oder des Rokoko aber fühlt man sich bloss in Europa.

6. Man kann uns entgegenhalten, dass es den Engeln sogar in einem Stalle wohl ist; nun ist aber ein Stall eben keine Barockkirche! – Seltsamerweise hat man sich anscheinend niemals darüber Rechenschaft gegeben, wie sehr die Barbarei der Formen, welche mit dem Stil Ludwig XV. einen gewissen Höhepunkt hohler und erbärmlicher Protzerei erreichte, dazu beitrug, und immer noch beiträgt, manche Seelen Gott zu entfremden, – denn das Heilige wirkt unglaubhaft in dem Masse, als sein Ausdruck verlogen ist.

7. Hand in Hand mit dieser Umkehrung geht auch eine «gleichlaufende» – also diesmal nicht «gegensätzliche» – Entsprechung oder Ähnlichkeit zwischen Grundsatz und Kundgebung, oder Gott und Welt, in dem Sinne, dass ja nur ein Verhältnis, nicht ein bejahender Inhalt umgekehrt wird, ebenso wie bei einer Spiegelung im Wasser die Baumkronen wohl unten sind, der Baum aber ein Baum bleibt und nichts anderes wird. So entspricht auch die irdische Schönheit der göttlichen Schönheit, ist aber – von Erweiterungen des Wortsinnes abgesehen – eine äusserliche Eigenschaft, während sie bei Gott «innen», das heisst vom Dasein der Welt unabhängig ist.

8. «Ein Ding ist nicht nur, was es für die Sinne ist, sondern auch was es darstellt. Die Gegenstände, ob sie nun natürlich oder künstlich seien, sind nicht ... willkürliche «Sinnbilder» dieser oder jener anderen und höheren Wirklichkeit; sie sind vielmehr ... die Kundgebung der betreffenden Wirklichkeit selber. So ist der Adler oder der Löwe nicht so sehr ein Sinnbild oder ein Abbild der Sonne, als vielmehr die Sonne selbst in einer ihrer Erscheinungsformen (sintemal die wesentliche Form wichtiger ist als die Natur, in welcher sie sich kundgibt); ebenso *ist* jegliches Haus die Welt im Bildnis, und jeder Altar *ist* im Mittelpunkte der Erde ...» (Ananda K. Coomaraswamy, *De la «mentalité primitive»*, in *Etudes Traditionnelles,* Aug.–Sept.–Okt. 1939).

9. Schatten und Fernwirkung sind andeutungsweise zulässig, das heisst im Masse, als sie nicht die Flächenhaftigkeit der Gesamtwirkung drchbrechen.

10. Wir verstehen darunter die Malerei eines Michelangelo, Tizian, Correggio, also

die Hochrenaissance, und nicht die oft jungfräulich-zarte – und jedenfalls noch christliche – Kunst des Quattrocento.

11. Das macht die Gefahr verständlich, die für die semitischen Völker in der malerischen und mehr noch in der bildhauerischen Darstellung lebender Wesen lag; da wo der Hindu oder der Ostasiate eine göttliche Wahrheit durch ein Sinnbild hindurch anbetet, – und ein Sinnbild ist in Hinsicht auf seine wesentliche Wirklichkeit wahrhaft das, was es versinnbildlicht, – neigt der Semite dazu, das Sinnbild selbst zu vergöttern. Andrerseits verhindert das Verbot der bildhauerischen und malerischen Kunst bei den semitischen Völkern auch die naturalistische Verirrung, eine Gefahr, welche dem abendländischen Menschen besonders nahe liegt.

12. Wir haben diese Frage in unseren französischen Büchern *Perspectives spirituelles et Faits humains* und *Castes et Races, suivi de: Principes et Critères de l'Art universel* zwar kurz, aber doch ziemlich eingehend und vor allem grundsätzlich behandelt. – Die deutsche Übersetzung des vorliegenden Buches war schon beendet, als wir auf zwei Werke Hans Sedlmayrs – *Verlust der Mitte* (Salzburg 1948) und *Die Revolution der modernen Kunst* (Hamburg 1955) – aufmerksam gemacht wurden, welche die Frage des künstlerischen Modernismus ausführlich und meisterhaft untersuchen. In diesem Zusammenhange möchten wir auch auf *Die Flucht vor Gott* (Zürich 1951) von Max Picard hinweisen. – Ganz in unserem Sinne wurde das Problem der Kunst von unserem Freunde Titus Burckhardt in seiner Schrift *Vom Wesen heiliger Kunst in den Weltreligionen* (Zürich 1956) behandelt.

13. Die Maler der Ikonen waren Mönche, die sich vor Beginn ihres Werkes durch Fasten, Beten, durch die Beichte und das Abendmahl vorbereiteten; es kam sogar vor, dass man die Farben mit Weihwasser und Reliquienstaub vermengte, was den sakramentalen Charakter der Ikonen voraussetzt.

Fünftes Kapitel

Grundzüge der Metaphysik

Um nun zum eigentlichen Gegenstande dieses Buches zurückzukehren, wollen wir zunächst die Frage nach den Hauptlehren der metaphysischen Esoterik (1) aufwerfen. Da die Gnosis kein philosophisches System ist, lassen sich ihre Lehren kaum in einer Reihe erschöpfender Formeln festlegen; nichtsdestoweniger spricht sie trotz grösster Abstände in Raum und Zeit und bei aller Verschiedenheit der Sinnbilder überall eine überraschend einheitliche Sprache (2).

Da ist vor allem die Lehre von den Stufen der Wirklichkeit: das Wirkliche ist metaphysisch eins, bekundet sich jedoch in Abstufungen; die Welt ist nicht bloss mehr oder weniger unvollkommen und vergänglich, sondern sie ist überhaupt nicht; sie verschwindet vor der allein unbedingten Wirklichkeit Gottes. Denn die Wirklichkeit der Welt schränkte ja diejenige Gottes ein, der allein das reine «Sein» besitzt; dazu kommt, dass das Sein – welches den «persönlichen Gott» ausmacht – seinerseits von der «unpersönlichen Gottheit» überstiegen wird, und deshalb lehrt die palamitische Theologie sehr richtig, dass Gott das Sein «besitzt» oder «umfasst», also in seiner letzten Wirklichkeit mehr ist als dieses; dasselbe wird auch von Meister Eckhart und anderen gelehrt. Das Sein ist gewissermassen das erste «Sich-Bestimmen» Gottes, das erste «Ja-Sagen» zu seiner an sich «schweigenden» Göttlichkeit, und aus dieser Selbst- oder Urbestimmung ergeben sich in metaphysischer Abstufung alle weiteren Bestimmungen, die das «Dasein» oder den Kosmos ausmachen. Eine Exoterik kann weder die Unwirklichkeit – oder Scheinwirklichkeit – der Welt anerkennen, noch die Alleinwirklichkeit des göttlichen Urgrundes; sie braucht die – in ihren Grenzen richtige und wirksame – Trennung zwischen Gott und Welt, das heisst, sie braucht die Welt in deren ganzen kosmisch-demiurgischen Verhärtung; – und dazu braucht es ein Denken, welches keine Unterschiede von «Standpunkten» und «Anblicken» kennt, keine Aufstufung der Wahrheiten, keine Verschiebungen des Blickfeldes.

Der auf Gott angewandte Ausdruck «Unpersönlichkeit» darf

71

niemals im Sinne eines Mangels an «Bewusstsein» aufgefasst werden, handelt es sich doch dabei um die Fülle der Selbstheit schlechthin; hingegen bedeutet die Persönlichkeit Gottes eine Art Einschränkung – weil Selbstbestimmung – im Verhältnis zum «Urgrund». Diese Unterscheidung zwischen der «göttlichen Person» (3), die einen besonderen Willen in einer besonderen Welt kundgibt, und der «überpersönlichen Gottheit», die im Gegenteil das göttliche Wollen als solches auswirkt, manchmal im Widerspruch zu diesem oder jenem formgewordenen Sonderwillen Gottes, – diese Unterscheidung ist in der metaphysischen Esoterik grundlegend, und sie erlaubt es, Gegensätze zu erklären, welche zwischen dem exoterischen und dem esoterischen Gebiete auftreten können (4).

Ein Hauptmerkmal der Exoterik ist ihr Anthropomorphismus; dieser ist in der Glaubenssprache zwar unvermeidlich, – entspricht er doch einem wahren, den Menschen unmittelbar betreffenden «Anblick» oder «Wesenszug» Gottes, – er bringt jedoch zwangsläufig gewisse Widersprüche mit sich, welche nicht dadurch unschädlich gemacht werden können, dass man sie «Mysterien» nennt; und im Grunde nennt man sie deshalb so, weil ihre metaphysische Erklärung – eine andere gibt es nicht – der Menge der Gläubigen nicht zugänglich ist. Nicht jeder kann verstehen, dass die göttliche Natur die Schöpfung mit sich bringt: dass die Schöpfung eine notwendige Veräusserlichung, Vergegenständlichung oder «Entgottung» des Seins ist, ein «Anderswerden», welches innerhalb der also entstandenen Welt die Unvollkommenheit erheischt und das Übel bewirkt, und bewirken muss, da ja das «Anders-als-Gott» nicht in jeder Beziehung vollkommen sein kann; «was nennst du mich gut?»

Man behauptet, Gott habe die Welt ganz «freiwillig», also ganz grundlos erschaffen: er sei nicht «gezwungen» gewesen, sie zu erschaffen. Das heisst metaphysisch, nichts ausserhalb Gottes Liegendes habe Gott zur Kundgebung seiner selbst bewegen können, da ja nur Gott ist (5); die Theologen verstehen jene «Freiwilligkeit» aber wörtlich, sodass man eigentlich zum Schluss kommen müsste, die Notwendigkeit sei eine Unvollkommenheit, und die Willkür eine Vollkommenheit; Gott wäre also aus Willkür vollkommen, da er ja nicht «gezwungen» ist, es zu sein. Liegt aber die Vollkommenheit einer geometrischen Figur nicht gerade in ihrer Notwendigkeit, in ihrem Nicht-anders-sein-Können, und gibt es eine Vollkommenheit, die Gott nicht besässe? Selbstverständlich besitzt Gott im höchstmöglichen Maße – sofern hier überhaupt von «Maß» die Rede sein kann – diese beiden sich ausgleichenden Vollkommenheiten: die Freiheit und die Notwendigkeit; er besitzt aber jede in einer besonderen Beziehung. Die Freiheit ist ein Anblick seiner Unendlichkeit, die Notwendigkeit ein Anblick seiner Unbedingtheit oder Absolutheit; diese wird wohl niemand einen Mangel nennen wollen, sowenig als die Gerechtigkeit, welche mit ihr zusammenhängt und der Barmherzigkeit ausgleichend gegenübersteht. Die Schöpfungstat kommt aus der Notwendigkeit, der Schöpfungsinhalt aus der Freiheit: Gott erschafft, weil er Gott ist, – da ist kein Raum für Willkür, – innerhalb der Schöpfung jedoch lässt er die Unwägbarkeiten seiner unendlichen Freiheit spielen. Gott kann dieses oder jenes Wesen nicht erschaffen wollen, – etwa einen Kentauren oder einen fliegenden Menschen, – aber er kann nicht überhaupt nicht erschaffen, da er ja nicht «nicht Gott sein» kann.

Gott als solcher hat nicht die Möglichkeit, nicht Gott zu sein: er hat sie nur in der Welt und durch die Welt. Die Welt ist aber nicht wirklich «ausserhalb Gottes», denn sonst begrenzte sie ihn durch ihr Dasein.

*

Der Umstand, dass die Exoterik auf der unüberbrückbaren Zweiheitlichkeit «Schöpfer-Geschöpf» und dem ausschliesslichen Streben nach dem Heile des Ichs beruht, bringt mit sich, dass Gott nur unter dem Gesichtswinkel seiner Beziehungen zum Geschaffenen berücksichtigt und nicht in seiner überpersönlichen Selbstheit erkannt wird, das heisst in seinem An-sich-Sein, das alle scheinbar von ihm verschiedene Wirklichkeit in nichts versinken lässt. Es kann nicht genug wiederholt werden, dass die dogmatische Zweiheitslehre «Herr-Knecht» an sich keineswegs tadelnswert ist, entspricht sie doch dem geschöpflichen Standpunkte, ohne welchen keine Religion einen Sinn hätte; nicht annehmbar ist hingegen im Lichte der reinen Wahrheit die aus der Zweiheit abgeleitete Zuteilung unbedingter Wirklichkeit an das Bedingte, Verhältnismässige. Metaphysisch gesehen lässt sich die menschliche Wirklichkeit auf die göttliche Wirklichkeit zurückführen und ist an sich eine Art Täuschung, wenigstens «von oben» betrachtet; glaubensmässig gesehen lässt sich dagegen die göttliche Wirklichkeit scheinbar auf die geschöpfliche Wirklichkeit zurückführen, in dem Sinne, dass Gott diese nicht an seinshaftem, sondern nur an ursächlichem Werte übersteigt.

Die Trennung zwischen Mensch und Gott ist unbedingt und bedingt zugleich: wäre sie nicht unbedingt, so wäre der Mensch als solcher Gott; wäre sie nicht bedingt, so gäbe es überhaupt keinen Berührungspunkt zwischen Gott und Welt, und der Mensch wäre von Natur aus gottlos, ganz abgesehen davon, dass dann sein Dasein sinnlos und undenkbar wäre. Die Trennung ist unbedingt, weil Gott allein wirklich ist und es keinen Berührungspunkt zwischen dem Nichts und der Wirklichkeit geben kann; die Trennung ist andrerseits aber auch bedingt, und zwar insofern, als nichts ausserhalb Gottes ist. In einem gewissen Sinne könnte gesagt werden, dass diese Trennung unbedingt ist vom Menschen zu Gott, und bedingt von Gott zum Menschen.

Die Idee, dass die Schöpfung restlos anders ist als der Schöpfer, ist in einer bestimmten Beziehung richtig, lässt aber die Frage nach dem tiefsten Wesen der Schöpfung beiseite; die Welt kann im Verhältnis zu Gott nicht ausschliesslich als «unbedingt anders» bezeichnet werden, obwohl sie es in Beziehung auf die daseinshafte Trennung wirklich ist. Das Unendliche ist das schlechthin Unbegrenzte; das Endliche hingegen kann nicht das «schlechthin Begrenzte» sein, denn eine schlechthinige Begrenztheit kann es nicht geben; das Nichts kann nicht vorhanden sein. Die Welt ist kein umgedrehter Gott; sie ist wohl irgendwie der umgekehrte Schatten Gottes, aber ohne die Göttlichkeit, also auch ohne die Schlechthinigkeit. Die «völlige Andersheit» ist nicht diejenige der Welt, sondern diejenige Gottes: die Welt ist nur deswegen völlig anders, weil Gott es ist; Gott besteht ohne die Welt, die Welt aber nicht ohne Gott. Das mag wohl wie ein Wortspiel klingen, hat aber einen tiefen Sinn, den wir schwerlich auf eine andere Weise in wenigen Worten ausdrücken könnten.

*

Das menschliche Ich spiegelt auf seiner Daseinsebene das göttliche «Ich» wider, stellt dabei aber gleichzeitig eine Umkehrung – wie bei der Wasserspiegelung – des Gespiegelten dar: der Mensch ist «Ebenbild» Gottes durch alles, was an ihm entweder rein erkenntnishaft oder rein daseinshaft ist, er verneint aber Gott durch die mannigfaltige geschöpfliche Begrenztheit, dann durch die falschen Inhalte seines Denkens und Wollens und Verfälschung seiner Urform. Die Exoterik, die ja aus ihrem zureichenden Grunde heraus formgebunden ist, weiss wohl von der menschlichen Gottähnlichkeit, hat aber weder die Möglichkeit noch die Pflicht, die gegensätzlichen Anblicke der Wirklichkeit in einer unmittelbaren und überförmlichen Schau zu vereinbaren.

Die esoterische Aussage, dass Gott allein wirklich und dass das Ich unwirklich ist, hat den gleichen Sinn wie der anscheinend entgegengesetzte vedantische Satz, dass das «Ich» (grundsätzlich durch die Essenz, also jenseits der Ichheit) nichts anderes ist als das göttliche «Selbst», *Atmâ*. Denn eine blosse «Ähnlichkeit» ist nichts im Verhältnis zu Gott: wenn das Endliche vom Unendlichen schlechthin verschieden ist, – und dem ist so in Hinsicht auf die Begrenztheit, welche das Endliche als solches kennzeichnet, nicht aber in Hinsicht auf den wesentlichen, sinnbildlichen Inhalt, – dann kann es, das Endliche, dem Unendlichen selbstverständlich nicht näherkommen; der Abstand bleibt unermesslich und unüberbrückbar.

Wenn das Einzige, was den vollkommen Seligen von Gott trennt, die «menschliche Substanz» ist, – das heisst, wenn die «Ähnlichkeit» so weit geht, dass nur die «menschliche Substanz» sie verhindert, eine «Selbigkeit» zu sein, – dann hat der Mensch etwas mehr als Gott, nämlich seine Substanz, und das ist unmöglich, denn «nur Gott ist gut», und folglich ist jene Substanz notwendigerweise ein Mangel; wenn aber die menschliche Substanz weniger als Gott ist, dann hat sie in der schlechthinigen Wirklichkeit keinen Bestand (6). Wenn der «Inhalt» der höchsten Erkenntnis Gott ist, welchen Sinn hat da noch die Frage nach dem «Behälter»? Und wenn der «Behälter» einen Mangel bedeutet, wie kann da der «Inhalt» Gott sein? Nur die metaphysische Lehre der Wirklichkeitsstufen kann diesem Mysterium gerecht werden.

*

Die Unendlichkeit Gottes – also in gewissem Sinne sein «Gott-Sein» – erfordert seine Selbstbejahung: den Logos. Diese «innere» Selbstbejahung oder «Bildwerdung» erfordert das «Aus-sich-Heraustreten», den Kosmos, die Schöpfung; diese erfordert ihrerseits die Begrenzung und Verschiedenheit, denn sonst könnte die Welt «ausserhalb» Gottes gar nicht bestehen, sie fiele in Gott zurück, nichts unterschiede sie von ihm. Die Welt braucht die Unvollkommenheit, – folglich auch das Böse, – da sie nicht Gott ist; oder mit anderen Worten; sie braucht das Unvollkommene, um «sein» zu können, ohne Gott zu sein.

Eine Weltanschauung, welche annimmt, dass die Welt sich notwendigerweise aus Gottes Natur ergibt, muss auch annehmen, dass die Seele zu Gott zurückkehren kann; eine Anschauung hingegen, welche annimmt, – um Gottes «Freiheit» zu wahren – dass die Welt «freiwillig» und «aus nichts» erschaffen wurde, kann den Rückweg nicht annehmen, weil dann die Seele aus dem «Sein» ins «Nichts» zurückfallen müsste. Dabei handelt es sich hier im Grunde nur um einen Wortunterschied: die erste der beiden Anschauungsweisen geht vom Gedanken aus, dass die Welt in Gott ist, dass folglich eine gewisse seinshafte und geistige Verknüpfung zwischen Welt und Gott besteht, während die andere Anschauung sich auf den Gedanken stützt, dass Gott nicht in der Welt ist und dass folglich Gott und Welt unbedingt verschieden sind. Beides ist wahr, jedes in einer bestimmten Beziehung und auf seiner Ebene.

*

Die Sehweise der esoterischen Lehren tritt besonders deutlich in der Art und Weise zutage, wie sie das «Übel» betrachten; oft hat man ihnen die Leugnung des Bösen zugeschrieben, eine Auslegung, die oberflächlich ist und dem Standpunkt besagter Lehren keineswegs gerecht wird. Der Unterschied zwischen der allgemein menschlichen und der metaphysischen Auffassung des Übels bedeutet übrigens nicht, dass die eine falsch und die andere wahr sei, sondern einfach, dass jene bruchstückhaft, diese hingegen vollständig und allumfassend ist: was für die Religion der Teufel ist, entspricht in der Tat nur einem Teilanblick und ist keineswegs gleichwertig mit dem unpersönlichen kosmischen Verneinungswillen. Wenn es nun wahr ist, dass dieser Verneinungsdrang – den die Hindus mit dem Worte *tamas* bezeichnen – nicht der Teufel ist, sondern eher dem gnostischen «Demiurg» und somit der kosmischen Strebung entspricht, welche vom reinen Sein entfernt und die Weltmateria verfestigt und nach unten zieht, so ist nichtsdestoweniger der Teufel eine Form dieser Strebung, nämlich deren besondere Berührung mit der menschlichen Seele, auch mit dem Körper, insofern dieser beseelt ist. Der Mensch ist ein ichbewusstes Wesen; daher nimmt jener finstere, verhärtende und auch zerspaltende Drang des kosmischen Daseins und Werdens bei der Berührung mit dem Menschen notwendigerweise eine persönlich-bewusste Erscheinungsweise an. Ausserhalb der Menschenwelt kann dieselbe Strebung auf eine vollkommen unpersönliche Weise auftreten, etwa wenn sie sich als Schwerkraft oder Dichtigkeit kundgibt, oder in der Erscheinung eines hässlichen Tieres oder auch in der eines unedlen und schweren Metalls wie das Blei; die Religion befasst sich jedoch laut Begriffsbestimmung nur mit dem Menschlichen und betrachtet das Weltgetriebe nur in Beziehung zu ihm, sodass es durchaus nicht angebracht wäre, ihr vorzuwerfen, dass sie *tamas* ausschliesslich in seiner persönlichen, die Menschenwelt angehenden Erscheinungsweise erkennt und nicht anders. Wie dem auch sei: wenn die Esoterik das Übel manchmal zu leugnen scheint, – sie anerkennt es selbstverständlich auf der geschöpflichen Ebene und unter bestimmten Bedingungen, – so nicht, weil sie die wirkliche Natur der Dinge nicht sähe, sondern weil sie im Gegenteil diese Natur ganz durchdringt und umfasst und daher unmöglich den einen oder anderen Anblick einer Sache aus deren kosmischen Zusammenhange herauslösen kann; die reine Wahrheit kann sich nicht ausschliesslich auf den Standpunkt des menschlichen Beteiligtseins stellen. Es ist klar, dass die kosmische Strebung oder Urkraft, deren durch den menschlichen Empfänger bedingte Verpersönlichung der Teufel ist, an sich kein Übel darstellt, ist es doch diese Urkraft, die zum Beispiel die stofflichen Körper verdichtet: die körperlichen und seelischen Gebilde müssten sich augenblicklich verflüchtigen, wenn sie verschwände. Auch der heiligste Gegenstand braucht also jene Urkraft, um stofflich dasein zu können, und niemandem fiele es ein, zu behaupten, das die stoffliche Masse einer Hostie zusammenhaltende Naturgesetz sei eine teuflische Macht, oder sonstwie ein «Übel»; wie gesagt beruht die scheinbare Leugnung des Bösen durch die Esoterik ausschliesslich darauf, dass das Böse auf seine kosmische Urformel, also auf seine das Menschliche nicht mehr berührende Notwendigkeit zurückgeführt wird.

Wenn nun das sittlich Böse insofern, als es ausschliesslich in seiner metaphysisch-kosmologischen Ursächlichkeit betrachtet wird, ebenfalls als kosmische, unschuldige Notwendigkeit und folglich «jenseits von Gut und Böse» erfasst werden kann, so kommt dies keineswegs einer Leugnung des Übels oder der Sünde auf menschlicher Ebene gleich, umso weniger, als für den Eingeweihten ja alles, was der geistigen Berufung zuwiderläuft, also was vom stetigen Gedenken Gottes wegzieht, irgendwie «Sünde» ist: jegliche Art der

Zerstreuung, kurz alles, was die geistige Ansammlung, oder die Einheit überhaupt, behindert, sei die Ursache dazu nun Begierde, Trägheit, Rastlosigkeit oder Hochmut. Um diese Entsprechung zwischen «Sünde» und «Zerstreuung» oder «Gottvergessen» klarer zu machen, führen wir als Beispiel an, dass die Exoterik das Lesen eines guten Buches niemals als tadelnswerte Handlung betrachten wird; hingegen könnte dies gelegentlich die Esoterik tun, nämlich wenn das Lesen im Verhältnis zum geistigen Gebote des Augenblicks einer blossen Zerstreuung gleichkommt, oder wenn die Zerstreuung den Nutzen des Lesens überwiegt; umgekehrt könnte in der Esoterik etwas, was vom exoterischen Sittlichkeitsgefühl aus als «Versuchung» und Weg zur Sünde betrachtet wird, manchmal eine entgegengesetzte Rolle spielen, im Maße als es keine Zerstreuung wäre, sondern im Gegenteil eine Stütze des Gottesgedenkens, des Wirklichkeitsbewusstseins, – etwa Musik und Tanz, oder der Bereich von Schönheit und Liebe überhaupt, – und zwar kraft der unmittelbaren Durchsichtigkeit des Sinnbildes und der rein beschaulichen Einstellung des Eingeweihten.

Die Sittlichkeit ist eine göttliche Einrichtung und in ihrer allgemeinen Notwendigkeit auch ein Naturgesetz; ausserhalb ihres gewohnten Bereiches werden die sittlichen Gesetze zu Sinnbildern und damit zu Trägern der Erkenntnis, denn jede Tugend bedeutet eine Übereinstimmung mit einer göttlichen Eigenschaft, ist also ein mittelbarer und gewissermassen daseinshafter Modus der Gotteserkenntnis. Ein sichtbares Ding kann durch das Auge erkannt werden; Gott erkennen wir hingegen letzten Endes nur durch unser «Sein», das heisst durch alles, was wir «sind»; um Gott zu «kennen», muss der Mensch irgendwie die «Vollkommenheit des Vaters im Himmel» erstreben, der Mikrokosmos muss sich dem göttlichen «Metakosmos» angleichen, wie es der Hesychasmus ausdrücklich lehrt; dann öffnet sich auch das Auge des Herzens, der Intellekt wird rein. Die Sittlichkeit im weitesten Sinne des Wortes ist auf ihrem Gebiete und auf ihre Weise eine Kundgebung der Geistigkeit: so wie auch der heiligste Mensch auf dieser Erde nie vollständig vom Handeln befreit ist, da er einen Leib besitzt, so ist er auch niemals vollständig der Unterscheidung von «gut» und «böse» enthoben, da sie sich irgendwie in jede Handlung einschleicht, – wobei aber nicht vergessen werden darf, dass das geistig Gute ein auf äusserlicher Ebene liegendes «Gutes» aufheben kann.

Man könnte die beiden grossen Gebiete der Religion so kennzeichnen, indem man die Exoterik mit den Wörtern «Moral, Handlung, Verdienst» und die Esoterik mit den Wörtern «Sinnbildlichkeit, Ansammlung, Erkenntnis» beschriebe; die Liebe umfasst beides, ebenso die Gnade. Der vorwiegend leidenschaftliche Mensch nähert sich Gott mittels des Handelns, dessen Richtschnur die Moral ist; der vorwiegend beschauliche Mensch dagegen wird sich der göttlichen Wesenheit mittels der geistigen Ansammlung aufs Eine und Letzte bewusst, und seine geistige Nahrung entnimmt er dem Sinnbilde, umso mehr, als für ihn die Idee nicht die schlechthinige Wahrheit, sondern bloss deren Sinnbild ist, – eine Einstellung, welche die vorhergehende Haltung innerhalb der ihr gezogenen Grenzen natürlich nicht ausschliesst. Das sittliche Gesetz ist ein das Handeln – also das Verdienst – betreffender Grundsatz, dessen Ziel die Gnade Gottes ist; der Sinn des geistigen Schauens ist hingegen das Einssein mit dem, was wir in unserer erkenntnismässigen und seinshaften Urwirklichkeit nie aufgehört haben zu sein. Die Moral im gewöhnlichen Sinne spielt ausserhalb des verhältnismässig beschränkten Bereiches des Handelns und des Verdienstes keine Rolle und erreicht folglich nicht die höheren geistigen Wirklichkeiten; man muss sich davor hüten, den sittlichen Standpunkt über jeden anderen zu setzen, denn daraus ergibt sich eine geisttötende Unterschätzung der Wahrheit als solcher und oft auch eine Voreingenommenheit gegen alles uns nicht Unangenehme, selbst gegen die von Gott zeugende Schönheit. Es ist ein oberflächlicher Irrtum, zu meinen, alle angenehmen Dinge seien nur angenehm und nichts weiter; man vergisst dabei, dass der sinnbildliche und geistige Wert eines solchen Dinges beim beschaulichen Menschen den Nachteil eines vorübergehenden Schmeichels der menschlichen Natur aufwiegen kann, denn jede bejahende Eigenschaft ist wesenhaft – nicht im Sinne eines stoffmässigen Zusammenhangs – eins mit der göttlichen Eigenschaft oder Vollkommenheit, die sie kundgibt.

Die exoterische Theologie kann nur mittelbar und ausweichend auf das scheinbare Problem des Übels als kosmische Notwendigkeit antworten, und muss sich mit der Erklärung begnügen, der Wille Gottes sei unerforschlich, und aus jedem Übel müsse schliesslich ein Gutes hervorgehen; diese zweite Behauptung belehrt uns aber nicht über das Wesen des Übels, und die erste bedeutet eigentlich nur, dass man sich der Einfachheit halber der metaphysischen Wahrheit verschliesst. Esoterisch gesehen lässt sich das Problem des «Übels» auf zwei Fragen zurückführen; erstens: warum schliesst alles Erschaffene notwendigerweise die Unvollkommenheit ein? Und zweitens: warum ist das Erschaffene da? Auf diese Fragen haben wir schon weiter oben geantwortet: Wenn es in der Welt keine Unvollkommenheit gäbe, unterschiede nichts die Schöpfung vom Schöpfer, oder mit anderen Worten: die Schöpfung wäre dann – eine völlig widersinnige Annahme – nicht Wirkung, sondern Ursache, nicht das Daseiende, sondern das Sein; andrerseits ist die Schöpfung oder kosmische Kundgebung durch die Unendlichkeit Gottes strengstens bedingt, ist sozusagen in der Unendlichkeit grundsätzlich inbegriffen; sie ist also eine notwendige Folge der göttlichen Natur, so dass gesagt werden kann: Wenn die Welt auf ihrer Wirklichkeitsstufe nicht da wäre, dann wäre die Unendlichkeit nicht die Unendlichkeit; denn um zu «sein», was es «ist», muss sich das Unendliche scheinbar – auf sinnbildliche Weise – selber verneinen, was eben durch die kosmische Kundgebung geschieht. Die Welt kann nicht «nichtvorhanden» sein, denn sie ist ein möglicher, folglich notwendiger Anblick der unbedingten Notwendigkeit des Seins; auch die Unvollkommenheit kann nicht «nichtvorhanden» sein, denn sie ist ein Anblick des Daseins der Welt selbst; das Dasein der Welt ist wie gesagt inbegriffen in der Unendlichkeit, und so ist auch das Dasein des Übels inbegriffen im Dasein der Welt.

Gott ist Allgüte, und die Welt ist ihr Abbild; da aber das Abbild laut Begriffsbestimmung nicht dasjenige sein kann, was es darstellt, muss die Welt im Verhältnis zur göttlichen Güte begrenzt sein, und daher rührt die Unvollkommenheit des Daseins; die Unvollkommenheiten sind folglich nichts anderes als «Risse» im Abbild der göttlichen Allvollkommenheit; sie haben als solche ihren unmittelbaren Ursprung nicht in der Allvollkommenheit, sondern in der notwendigerweise verhältnismässigen und untergeordneten Natur des Abbildes. Die Kundgebung schliesst laut Begriffsbestimmung die Unvollkommenheit ein, wie die Unendlichkeit die Kundgebung einschliesst oder mit sich bringt; diese Dreiheit «Unendlichkeit, Kundgebung, Unvollkommenheit» – oder «Gott, Welt, Übel» – bildet die erklärende Formel für dasjenige, was der menschliche Geist im Auf und Ab des Daseins Widersprüchliches und Unerklärliches finden mag; allerdings berührt diese Erklärung nicht die Besonderheiten der Dinge, sie bietet uns jedoch die Grundlage, zu diesen Besonderheiten richtig Stellung zu nehmen.

*

Eine andere von der Exoterik unerfasste Idee ist die des Innewohnens des Geistes in jedem Menschen – jenes Allgeistes, den Meister Eckhart als «ungeschaffen und unerschaffbar» bezeichnet hat (7): diese Wahrheit kann sich aus leicht verständlichen Gründen nicht in das exoterische Blickfeld einfügen, ebensowenig wie die Idee der Selbstverwirklichung des reinen Geistes im Menschen, durch welche der Mensch sich dessen bewusst wird, was seine letzte, ewige Wirklichkeit ausmacht, und was nur durch den täuschenden Schleier der Ichheit verhüllt war, – also dessen, was in Wirklichkeit «nie nicht gewesen ist» oder nie «aufgehört hatte, zu sein». (8) Es erhellt von selbst, dass die Exoterik den Unterschied zwischen «Herr» und «Knecht» als ein Absolutum aufrecht erhalten muss, ganz abgesehen davon, dass das blosse Vernunftdenken in der Idee des metaphysischen Einsseins nur «Pantheismus» sehen kann und sich auch keine Mühe gibt, hier etwas anderes zu sehen.

Dieser Begriff «Pantheismus» erfordert einige Erklärungen: in Wahrheit besteht der Pantheismus in der Annahme eines ununterbrochenen Überganges vom Endlichen zum Unendlichen, was die Vorstellung einer stofflichen Einheit zwischen Gott und Welt, Sein und Daseiendem voraussetzt; und dies setzt seinerseits die falsche Vorstellung eines stofflichen Seins voraus, oder die Verwechslung der metaphysisch-wesenhaften, also überstofflichen Einheit, mit einer rein stofflichen Gleichheit. Das und nichts anderes ist Pantheismus; leider muss festgestellt werden, dass wenige bereit sind, sich einer für den Wortstreit so bequemen Waffe wie des Ausdruckes «Pantheismus» zu begeben; dieser Ausdruck ist in der Tat ein klassisches Schreckmittel, mit welchem man gewisse für störend erachtete Lehren allgemein verdächtigen kann, ohne sie vorher ihrem wahren Gehalt nach prüfen zu müssen (9). Erfasst man Gott als Einheit, also als reine Wesenhaftigkeit und letzte Ursache, so kann nichts auf stoffliche Weise mit ihm verbunden sein; wenn man aber die Idee der metaphysischen, urgehaltlichen Einheit zwischen Wirkung und Ursache als Pantheismus abtut, so leugnet man gleichzeitig die Verhältnismässigkeit der Dinge und schreibt ihnen eine selbständige Wirklichkeit neben dem Sein oder dem Dasein zu, wie wenn es zwei wesenhaft voneinander verschiedene Wirklichkeiten geben könnte, oder zwei Einheiten oder Einzigkeiten.

*

Ein anderes Beispiel für die Ohnmacht des auf seine eigenen Hilfsmittel angewiesenen menschlichen Geistes ist das Problem der Vorbestimmung: dieser in der Sprache der menschlichen Einseitigkeit ausgedrückte Gedanke bedeutet im Grunde, dass Gottes Allwissenheit restlos alle Möglichkeiten in vollkommener Gleichzeitigkeit umfasst. Mit anderen Worten: wenn Gott allwissend ist, kennt er die zukünftigen Dinge, oder vielmehr die Dinge, welche den durch die Zeit begrenzten Wesen als zukünftig erscheinen; kennte Gott diese Dinge nicht, so wäre er nicht allwissend; da er sie aber kennt, erscheinen sie dem zeitgebundenen Geschöpf als «vorbestimmt». Der menschliche Wille ist frei in dem Maße, als er wirklich ist; wäre er auf keiner Stufe und in keiner Weise frei, so wäre er reine Unwirklichkeit, also nichts; und in der Tat, angesichts der unbedingten göttlichen Freiheit hat der Menschenwille keinen Bestand. Wirklich ist unser Wille in dem Maße, als er an der göttlichen Allfreiheit teilhat; aus ihr leitet unsere Freiheit kraft der ursächlichen Verbindung ihre ganze Wirklichkeit her; daraus ergibt sich, dass die Freiheit, wie jede bejahende Eigenschaft, in ihrem Urgehalte göttlich ist; menschlich ist sie insofern, als sie nicht vollkommen sie selber sein kann, so wie ein Abglanz der Sonne mit dieser nicht als Abglanz, sondern als Licht eins ist; das Licht ist in seiner Wesenheit einheitlich und unteilbar.

Man könnte den Zusammenhang zwischen Vorbestimmung und Freiheit auch so umschreiben: die Willensfreiheit ist wie eine Flüssigkeit, welche sich allen Ausbuchtungen einer Gussform anpasst; letztere stellt die Vorbestimmung dar, während die Bewegung der Flüssigkeit der freien Ausübung unseres Willens entspricht. Dass wir nur wollen können, was uns vorbestimmt ist, – dadurch, dass Gott weiss, was wir wollen werden, während wir es nicht wissen, – das verhindert unseren Willen keineswegs, zu sein, was er ist, nämlich ein verhältnismässig wirkliches Teilhaben an seinem allein vollkommenen Urbild, der Allfreiheit Gottes; und gerade dieses Teilhaben lässt uns unseren Willen als frei empfinden und erleben.

Das Leben eines Menschen – wie sein gesamter Daseinszyklus, von welchem das Erdenleben und der Menschenzustand nur Inhalte sind – ist im göttlichen Intellekt als ein umgrenztes Ganzes enthalten, das heisst als eine festgelegte Möglichkeit, welche ist, was sie eben ist, und folglich in keinem ihrer Anblicke aufhören kann, sie selber zu sein; denn eine Daseinsmöglichkeit ist in einer gewissen Beziehung nichts anderes als ein Ausdruck der unbedingten Notwendigkeit des Seins, und daher rührt ihre äussere Einheit und innere Folgerichtigkeit: die Daseinsmöglichkeit ist etwas, was nicht «nicht sein» kann. Die Aussage, dass ein ichhafter Kreislauf, ein seelisch-körperlicher Daseinszyklus, als endgültige Formel im göttlichen Intellekt eingeschlossen ist, läuft darauf hinaus, dass eine Möglichkeit von der Allmöglichkeit umfasst wird, und diese Wahrheit bietet die entscheidende Antwort auf die Frage der Vorbestimmung: der menschliche Wille erscheint dann als ein Ablauf, der im Modus des Nacheinanders die notwendige Verkettung der Teilanblicke seiner gesamten, wesentlichen Möglichkeit verwirklicht; so wird diese Möglichkeit sinnbildlich umschrieben oder wiederholt. Auf ähnliche Weise drückt die Verkettung der Organe den menschlichen Leib aus; auch dieser ist als Ganzheit und Einheit weder teilbar noch austauschbar. Man kann auch folgendes sagen: da die Möglichkeit eines Wesens notwendigerweise eine Daseinsmöglichkeit ist, ansonsten sie sich nicht kundgäbe, – denn es gibt noch andere, nur im reinen Sein liegende Möglichkeiten, – so ist der zyklische Ablauf dieses Wesens nichts anderes als die Gesamtheit der unzählbaren Teilanblicke, die in der Kundgebung des Wesens und somit in seiner Möglichkeit liegen; das Wesen tut nun mit Hilfe seines Willens nichts anderes, als seine kosmische, an sich «gleichzeitige» – weil unteilbare – Kundgebung in Form einer Reihenfolge auszuwirken. Das Ichwesen zeichnet auf zergliedernde Art und Weise seine einheitliche Grundmöglichkeit nach; diese hat ihre endgültige, weil notwendige Rangstufe in der Stufenfolge der kosmischen Möglichkeiten; und die Notwendigkeit einer jeden gründet sich metaphysisch, wie wir gesehen haben, auf die unbedingte Notwendigkeit der Allmöglichkeit, die sich aus der Unendlichkeit Gottes ergibt.

*

Um die Allgültigkeit der Metaphysik – und dadurch der Esoterik – zu erfassen, muss man vor allem dem Umstand Rechnung tragen, dass hier das Erkenntnismittel selber alldurchdringend und allgegenwärtig ist, und nicht art- und formgebunden wie die Ratio; folglich muss sich jenes Erkenntnismittel – der Intellekt – irgendwie auf allen Stufen der Natur wiederfinden, und nicht nur beim Menschen allein, wie es für das Vernunftdenken zutrifft. Wenn wir auf die Frage antworten sollen, wie sich der Geist in den tierischen, pflanzlichen und unbelebten Bereichen der Natur kundgibt, müssen wir uns auf Betrachtungen stützen, welche für den Unbewanderten etwas befremdlich klingen mögen, die wir hier jedoch schwerlich beiseite lassen können.

Die Naturbereiche stufen sich vom Unbelebten bis zum Menschen auf; dieser stellt innerhalb der Erdenwelt die Mitte dar, denn er erkennt die anderen Erdenwesen, während diese ihn nicht zu erkennen vermögen. In der Engelswelt ist der «Geist Gottes» Mitte, – oder die «Erzengel», sofern wir den Allgeist in seinen unterschiedlichen Wirkungen betrachten, – und so ist der Mensch auch den gewöhnlichen Engeln gegenüber Mitte, was der Koran durch den Kniefall dieser Engel vor Adam ausdrückt; im gleichen Sinne lehrt der Hinduismus, dass die *Devas* den Brahmanen grundsätzlich untertan sind. Im Maße nun, als ein Wesen von der jeweiligen Mitte entfernt ist, – also vom Menschen, da wir nur von der Erdenwelt reden können, – ist die Erkenntnis eins mit ihrem kosmisch und artmässig vorbestimmten Inhalte, in dem Sinne, dass etwa eine Pflanze weder vielerlei erkennen noch ihre einheitliche Erkenntnis geistig vertiefen kann, sondern ganz duldig an eine bestimmte, durchaus mittelbare Erkenntnisweise gebunden ist; ja sie ist geradezu eins mit ihrer arteigenen, ihr von der Natur auferlegten Erkenntnis, welche daher die Form der Pflanze bestimmt. Mit anderen Worten: die Form eines in «Randgebieten» des Erdenzustandes verwurzelten Wesens – sei es nun ein Tier, eine Pflanze oder ein Mineral – gibt alles kund, was das betreffende Wesen erkennt; sie ist der unmittelbare Ausdruck dieser Erkenntnis, sodass wir sagen können: die Form eines solchen Wesens beschreibt seinen beschaulichen Zustand oder «Erkenntnisraum». Was die Wesen unterscheidet, je mehr sie von der Mitte entfernt, also in immer duldigeren oder unbewussteren Zuständen beheimatet sind, das ist die Art und Weise ihres Erkennens; menschlich gesprochen wäre es widersinnig, zu behaupten, Gold sei geistiger als Kupfer, oder Blei besitze wenig Geist, aber metaphysisch gesehen liegt darin nichts Unsinniges: denn das Gold stellt einen «sonnenhaften» Erkenntniszustand dar, und dieser Umstand erlaubt es übrigens, das Gold mit geistigen Kräften zu verbinden und dadurch zu heiligen. Selbstverständlich «erkennt» nicht das tote Metall als solches, aber es ist etwas wie zu blossem Dasein festgeronnene kosmische Erkenntnis; diese ist blindes Dasein geworden, während umgekehrt beim Menschen das blinde Dasein reine Erkenntnis werden muss; was beim Metall

Daseinszwang ist, das ist beim Menschen Geistesfreiheit; aber auch der Mensch ist nicht frei in der Willkür, sondern in demjenigen, was seine Wirklichkeit ausmacht: in der göttlichen Wahrheit, die eins ist mit der Allfreiheit.

Man könnte auch sagen, dass der Mensch von rechtswegen reine Erkenntnis ist und der Stein reines Dasein; der Diamant, welcher irgendwie den Gipfel des Steinbereiches bildet, enthält in seinem blossen Dasein den Geist, woraus sich seine unverderbliche Härte, seine Durchsichtigkeit und Helle erklären; der erleuchtete Heilige dagegen, welcher den Höhepunkt der menschlichen Gattung ausmacht, enthält in seiner Erkenntnis – also auf bewusste und bestimmend-tätige Weise – das gesamte Dasein, und deshalb hat sein Tun kosmische Geltung, ist sein Gebet das Gebet aller Wesen.

Alles, was die untermenschlichen Erdenwesen haben, das hat auch irgendwie der Mensch, und daraus ergibt sich, dass er auf viererlei Weisen am Allgeiste teilhat, nämlich durch seine besondere Form, durch seine Sinne, durch seine Vernunft und durch den Intellekt, oder mit anderen Worten: durch Leib, Sinneswerkzeuge, Gehirn und Herz. Das bedeutet, dass auch Licht- und Wärmeempfindung und Sinnenerkenntnis im Grunde nichts anderes sein können, als eine jeweilige Art der Gottesschau, aber auf eine ganz mittelbare und unbewusste Weise. In seiner blossen Form hat der Mensch die Vollkommenheit oder Gottesschau des Unbelebten inne; in seiner Licht- und Wärmeempfindung diejenige der Pflanzen; im unterscheidenden Erkennen der Sinne ist der Mensch den Tieren gleich; in der Vernunft ist er bloss Mensch, das heisst Mensch als Species, als Übertier, als kosmische Erscheinung; im Intellekt ist er irgendwie göttlich, denn hier tritt er aus jeglicher artmässigen und selbst kosmischen Gebundenheit heraus. Indessen ist die Vernunft kein artmässiger Zufall, sondern das Zeichen dafür, dass beim Menschen der Intellekt tätig und unmittelbar vorhanden ist und daher Gott schauen kann, dass der Mensch Mitte ist und kosmischer Ausweg zu Gott.

Die sich dem Lichte zuwendende Pflanze zeugt von derselben Wahrheit wie der zu Gott betende Mensch; die Gotteswahrheit ist allumfassend und unbestreitbar, sie ist vor dem Menschen und seinem Denken da, sie ist sogar zwangsläufig immer in seinem Denken, weil es da ist und alles Daseiende irgendwie in der Wahrheit liegt (10).

*

Vielleicht dürfte in diesem Zusammenhange nochmals darauf hingewiesen werden, dass die Wahrheit von jeglicher Dialektik, ja von jeglichem Denken unabhängig ist: ob sich das Wahre so oder so kundgebe, ob anhand einer feingesponnenen Dialektik oder mit Hilfe scheinbar «naiver» Behauptungen, das ist in Hinsicht auf das Wesen der Dinge ganz gleichgültig. Man kann die scheinbar «einfältige» Wahrheit nicht unter dem Vorwande ablehnen, sie sei eine *petitio principii*, denn dieser Ausdruck allein beweist schon – auf dem Gebiete der überlogischen Wahrheit – ein rationalistisches Vorurteil, also eine Haltung, die mit wirklicher Erkenntnis nichts zu tun hat. Der Rationalismus – im allgemeinsten Sinne – hält nur für wahr, was seiner Ansicht nach bewiesen werden kann, ohne sich Rechenschaft darüber abzulegen, dass die Wahrheit unabhängig ist von unserer Neigung, sie anzunehmen oder abzulehnen; andrerseits entspricht ein Beweis stets einem besonderen Ursächlichkeitsbedürfnis, sodass es Wahrheiten gibt, die unmöglich jedermann bewiesen werden können und dennoch nichts weniger als «unbeweisbar» sind. Die rationalistische Denkweise übersieht auch, dass es Ursächlichkeitsbedürfnisse gibt, welche nicht etwa auf Klugheit, sondern im Gegenteil auf Beschränktheit zurückzuführen sind, und welche folglich nichts weniger als allgemeingültige Ausgangspunkte des Denkens darstellen. Wären die Blinden sehend, so könnten sie keine Beweise des Lichtes verlangen. Es muss unterschieden werden zwischen rein logischen und sinnbildlich-geistigen Beweisen: der logische Beweis ist fehlbar im Maße, als es seine Voraussetzungen sind; der sinnbildliche Beweis hingegen beruht auf Voraussetzungen, welche schon deshalb nicht falsch sein können, weil sie im Wesen der Dinge selbst liegen, oder mit anderen Worten, weil sie nichts anderes sind als die Urbilder, die organischen Wurzeln des Beweises. Dieser Beweis oder Erkenntnisschlüssel hängt also von einer unmittelbaren Schau der Dinge ab, ja von einem inneren Wiederholen des Seins der Dinge: er dient nicht etwa dazu, vom Bekannten aufs Unbekannte zu «schliessen», sondern dazu, sich des noch Unbekannten anhand des schon Bekannten «bewusst zu werden».

Der sinnbildliche Beweis, – wir nennen ihn so, weil seine Wirkung aus der Entsprechung von übermittelndem Sinnbilde und zu übermittelnder Wahrheit hervorgeht und nicht bloss aus der logischen Verknüpfung zweier Behauptungen, – der sinnbildliche Beweis will eine ewig in uns liegende Erkenntnis in unserem Bewusstsein entzünden, das heisst eine Erkenntnis, die irgendwie zum Wesen des Geistes selber gehört und diesem nicht von aussenher hinzugefügt werden kann, denn nur der Schlüssel kommt von aussen, niemals die Erkenntnis als solche. Der sinnbildliche Beweis ist wie gesagt ein Anblick des zu Beweisenden: er «ist» diese Wirklichkeit auf der Ebene unseres Denkens, und zwar deshalb, weil das Makrokosmische – und Metakosmische – notwendigerweise ins Mikrokosmische hineinspielt; irgendwie ist das All aus einem einzigen Daseins- und Bewusstseinsstoffe gewoben. Das Wasser zum Beispiel «beweist» das göttlich-kosmische Urwasser, die Allmöglichkeit, und zwar deshalb, weil es die Allmöglichkeit auf der Ebene der Materie wirklich «ist»; metaphysisch ist ein «Darstellen» ein «Sein», und ein «Sein» ein «Darstellen»; wichtig ist hier vor allem, dass die Materie des Sinnbildes nicht mit seinem ontologischen Urgehalt verwechselt werde.

Die Wahrheit will «geschaut» und nicht bloss «gedacht» werden, und zwar im Maße, als sie übersinnlich ist; dem Denken können hier nur zwei Aufgaben zufallen, nämlich erstens dem Menschen zur eigenen geistigen Schau, zur organischen Einverleibung des von den Meistern Geschauten zu verhelfen, und zweitens, in Verstand und Seele die Hindernisse zu beseitigen, welche jener Schau entgegenstehen, oder mit anderen Worten, welche das Auge des Herzens dem göttlichen Lichte verschleiern. Damit kommen wir auf den Berührungspunkt zwischen lehrmässig-metaphysischer und asketisch-mystischer Esoterik zu sprechen: die Reinigung des Herzens. Diese Reinigung, welche von der mystischen Selbstzucht und Selbstveredelung erstrebt wird, – das *vacare Deo* und die es bedingenden Tugenden, – befreit den Spiegel des Herzens, den Intellekt, von den Finsternissen und Härten des Ichs; so wie die Gnosis gleichzeitig mit der Erkenntnis die Reinheit und Schönheit der Seele bewirkt, so öffnet die mystische Askese der Seele anhand der Reinheit und Schönheit den Weg zur Erkenntnis.

Anmerkungen

1. Wir unterscheiden «metaphysische» von «mystischer» Esoterik, weil wir *a priori* zwischen heiliger Lehre und heiligem Wege unterscheiden müssen. Metaphysische Exoterik ist die blosse Ontologie; mystische Exoterik ist die höhere Tugendlehre; diese geht nicht über das Ich, jene nicht über das Sein hinaus. Dass man, wie einige es wünschen, das Wort «Mystik» ausschliesslich auf das christliche Geistesleben anwenden und ihm auch hier einen beschränkten Sinn geben solle, leuchtet uns nicht ein; man mag im Falle einer ausgesprochen gefühlsmässigen und daher im Ich verwurzelten Gottesliebe von «Mystizismus» sprechen, dem Worte «Mystik» hingegen kann man seine auf die «Mysterien» zurückgehende und daher geistig unbeschränkte Bedeutung nicht nehmen.

2. Diese Feststellung gibt allzuoft zum Irrtum Anlass, gleiche Ausdrucksweisen, ob Worte oder Sinnbilder, liessen sich nur durch Entlehnungen erklären; daher rührt zum Beispiel die törichte Annahme, das Sufitum sei buddhistischen Ursprungs, oder die, der japanische Amida-Kult gehe auf christliche Einflüsse zurück.

3. Es handelt sich hier nicht um die «Personen» der Dreifaltigkeit, sondern um das «göttliche Ich» im allgemeinen, also auch ausserhalb der christlichen Theologie; dieses «Ich» ist der redende, schöpfende, handelnde Gott.

4. Da die Bibel der Ausdruck einer besonderen geistigen Blickrichtung ist, nämlich des mosaischen Gesetzes, musste sie Salomos Haltung tadeln, insofern diese Haltung eben in Widerspruch zur «persönlichen» Kundgebung der Gottheit stand; gleichzeitig lässt aber die Bibel durchblicken, dass diese «Übertretung» den Wesenskern des Weisen nicht in Frage stellte. Die «formwidrige» Haltung Salomos beschwor über sein Königreich die staatliche Spaltung herauf; das ist die einzige von der Schrift berichtete Sühne, und das wäre eine völlig unangemessene Strafe, hätte der königliche Weise einer wirklichen Vielgötterei gehuldigt, was in der Tat geistig keineswegs der Fall sein konnte. Die erwähnte Sühne erstreckte sich genau auf den Bereich, in welchem sich die «Formwidrigkeit» ereignet hatte, und nicht darüber hinaus; deshalb wird das Andenken Salomos nicht nur in der Kabbala, sondern auch im Islam verehrt. Ein sehr ähnliches Beispiel ist dasjenige Davids, mit welchem sich die Kabbala befasst, um nachzuweisen, dass David nur scheinbar, nicht aber in Wirklichkeit gesündigt habe; übrigens konnte Davids Wunsch, Bethsabe zu gewinnen, schon deshalb keine Übertretung sein, weil die Frucht dieser Ehe Salomo war. Das Erscheinen des grossen Tempelbauers und Weisen war wie eine göttliche Bestätigung und Segnung der Vereinigung von David und Bethsabe; nun heiligt und belohnt aber Gott nie eine Sünde; andrerseits beweisen die Psalmen, die doch göttliche Offenbarung und dadurch Gotteswort sind, dass die Geschichte Davids von der Vorsehung in einem bejahenden Sinne gewollt war. Der Widerspruch liegt an der Durchkreuzung zweier verschiedener Ebenen, derjenigen des äusseren Gesetzes und derjenigen der kosmischen Notwendigkeit.

5. Eine treffende, in dieser Form von Guénon stammende Deutung der *creatio ex nihilo*.

6. Basilius sagt, der Mensch habe den Befehl erhalten, Gott zu werden. Cyrillus von Alexandria drückt sich folgendermassen aus: «Wenn Gott Mensch geworden ist, so ist der Mensch Gott geworden.» – Nach Meister Eckhart «sind wir völlig zu Gott umgebildet und so in ihn verwandelt, wie beim Sakrament das Brot in den Leib Christi verwandelt wird. So werde ich in ihn verwandelt, dass er mich hervorbringt als sein eigenes, einiges, nicht bloss ähnliches Wesen; beim lebendigen Gott, es ist wahr, dass da keinerlei Unterschied ist.» – «Die selige Seele» – sagt Angelus Silesius – «weiss nichts mehr von Anderheit; sie ist ein Licht mit Gott und eine Herrlichkeit.»

7. Bekanntlich sind gewisse Sätze Meister Eckharts, die den Gesichtspunkt der gewöhnlichen Theologie übersteigen und sich deshalb der Zuständigkeit der nur auf dieser Ebene Lehrbefugten entziehen, von diesen verurteilt worden; wenn dieser Urteilsspruch aus gewissen Zweckmässigkeitsgründen berechtigt sein mochte, so sicherlich nicht seine Form. Kraft einer merkwürdigen «Rückwirkung» war Johannes XXII., der diese Bulle erlassen hatte, seinerseits gezwungen, eine von ihm gepredigte Lehrmeinung zu widerrufen, was sein Ansehen erschütterte. Meister Eckhart hatte sich der Verurteilung nur in ganz grundsätzlicher Weise unterworfen, aus blossem Gehorsam und sogar bevor er den päpstlichen Erlass kannte; deshalb tat diese ganze Sache dem Vertrauen seiner Schüler keinen Eintrag. Einer von ihnen, Suso, hatte nach Eckharts Tod ein Gesicht vom «seligen, in Gott vergöttlichten Meister in einer überfliessenden Herrlichkeit».

8. Im Sufitum begegnet man Aussprüchen wie diesem, von Yahya Mu'adh Er-Râzî: «Das Paradies ist das Gefängnis des Weisen, wie die Welt das Gefängnis des Gläubigen ist.» Mit anderen Worten: die gesamte Schöpfung, – mit ihrer Mitte, den erschaffenen Paradiesen (*Es-Samawât*, das *Brahma-loka* der Hindus), – ist metaphysisch betrachtet eine Einschränkung der übergeschöpflichen Wirklichkeit Gottes, genau so wie die formgebundene Schöpfung eine Einschränkung der formfreien, aber immer noch geschöpflichen Wirklichkeit des Paradieses bedeutet. Allerdings bildet diese Ausdrucksweise eine Ausnahme, denn gewöhnlich ist die Sprache der Esoterik «einschliesslich», nicht «ausschliesslich», das heisst ihr gewöhnlicher Ausdruck geht von der sinnbildlichen Sprache der heiligen Schriften aus, und durchbricht sie nicht; dann wird auch das übergeschöpfliche Urbild des Paradieses, nämlich die göttliche Allseligkeit mit dem Worte «Paradies» (*Jannah*) bezeichnet, und man spricht sogar vom «Paradies der Wesenhaftigkeit» (*Jannat edh-Dhât*), das die höchste mystische Einung ist. Spricht dagegen ein Sufi vom «Paradies» als dem «Gefängnis des Weisen», so betrachtet er es in diesem Falle vom gewöhnlichen und kosmischen Standpunkt aus, der dem Blickfeld der allgemeinen Religion angehört, und das muss er tun, wenn er den wesenhaften Unterschied zwischen dem «ichmässigen» und dem «göttlichen» Standpunkt hervorheben will. Man darf jedenfalls nie aus dem Auge verlieren, dass das «Himmelreich» des Evangeliums und das «Paradies» (*Jannah*) des Korans nicht nur bedingte Zustände, sondern gleichzeitig

Anblicke des Unbedingten bedeuten, von welchen jene Zustände nur die unmittelbarsten kosmischen Widerscheine sind. Um auf das Wort des Er-Râzî zurückzukommen: Man trifft unter den verurteilten Sätzen Meister Eckharts einen ähnlichen Gedanken: «Die weder das Glück, noch den Ruhm, noch den Nutzen, noch die innere Frömmigkeit, noch die Heiligkeit, noch Belohnung, noch das Himmelreich suchen, sondern auf alles verzichtet haben, sogar auf ihr Eigenstes, in diesen Menschen ist Gott verherrlicht.» Wie der Satz von Er-Râzî, drückt auch dieser nichts anderes aus als die metaphysische Verneinung des Ichs in der Verwirklichung der letzten Wesenseinheit.

9. Der «Pantheismus» ist die grosse Zuflucht aller, die der Metaphysik möglichst billig ausweichen wollen, und die überzeugt sind, auf Grund ihrer Schulbildung einen esoterischen Text besser zu verstehen als dessen Autor, oder anders gesagt: als ob, was nicht jedermann zugänglich ist, nicht wahr sein könnte!

10. In diesem Sinne meint Meister Eckhart: «Je mehr er lästert, desto mehr lobt er Gott.» Das Denken kann die Wahrheit wohl verneinen, Dasein und Bewegungsgesetze des Denkens bejahen jedoch notwendigerweise die sie begründende Wahrheit.

Sechstes Kapitel

Von den Grenzen der Glaubensverbreitung

Die Spannweite, die jede Religion grundsätzlich haben muss, macht tatsächlich an gewissen Grenzen halt, denn sie kann ja auf formhafter Ebene nur Abbild des schlechthin Allumfassenden sein, ein Abbild, welches allerdings in seinem gottgewollten Rahmen völlig wirksam ist und alle wesentlichen Möglichkeiten des Geistes umfasst; da nun diese Spannweite nach aussenhin und als kosmische Erscheinung notgedrungen begrenzt ist, büssen die tatsachen- und buchstabenmässigen Inhalte, sowie man sie künstlich aus ihrem durch die Vorsehung bestimmten Rahmen herausnimmt, ihre Bedeutung ein: Christus kann im Islam oder im Buddhismus nicht Mitte sein, während in der abendländischen Welt er allein «Weg, Wahrheit und Leben» ist. Nun ist aber dieser Rahmen durch den technischen Fortschritt des Abendlandes künstlich zerbrochen worden, «die Menschheit», die im Bewusstsein des Abendlandes zunächst «die Christenheit» war, hat sich äusserlich auf eine rein «zufällige» Weise erweitert, und daraus musste sich ein ganz äusserlicher Einbruch fremder «Sonnensysteme» ergeben, folglich auch eine unvermeidliche, im Grunde aber «unnatürliche» Abwehr gegen fremde «Sonnen»; dabei kommen manche Leute zum umgekehrten Schlusse und sprechen Jesus auch eine verhältnismässige Mittestellung ab, sehen in ihm nur noch eine bloss menschliche Erscheinung. Es ist genau so, wie wenn bei der Entdeckung neuer Sonnensysteme von den Einen behauptet würde, es gebe nur eine Sonne, nämlich die unsrige, während die Anderen aus der Feststellung, dass unsere Sonne nicht die einzige ist, den Schluss zögen, dass sie keine Sonne sei und dass es überhaupt keine Sonne gebe, da ja keine einzig sei; die Wahrheit liegt hier auf dem goldenen Mittelweg: unsere Sonne ist durchaus «die Sonne», aber die einzige ist sie nur in Beziehung auf die Welt, deren Mittelpunkt sie bildet; da es viele Sonnensysteme gibt, sind auch viele Sonnen vorhanden, was aber keineswegs verhindert, dass jede für ihr System einzig ist. Die Sonne, der Löwe, die Sonnenblume, der Honig, der Bernstein, das Gold sind naturhafte Kundgebungen der göttlichen Ursonne: jede ist einzig und unbedingt in ihrem Bereiche; der Verlust dieser «Einzigkeit» durch das Erscheinen ihrer Verhältnismässigkeit – das heisst, durch die Durchbrechung der Grenzen, welche den jeweiligen Bereich einrahmen und als in sich abgeschlossenes System kennzeichnen, – dieser Verlust der Einzigkeit bedeutet nicht, dass innerhalb des betreffenden Bereiches der Mittelpunkt nicht wirklich einzig sei, dass er nicht die Ursonne vertrete. Die Aussage, Christus sei nicht «der Sohn Gottes», sondern – in Hinsicht etwa auf Buddha – nur «ein Sohn Gottes», wäre demnach falsch, denn der Logos ist einzig und kann nur einzig sein, und jede seiner Kundgebungen spiegelt diese Einzigkeit wider, ist nur durch diese Darstellung der Einzigkeit Mittlerin zwischen Himmel und Erde.

*

Gewisse Stellen des Neuen Testamentes weisen darauf hin, dass die «Welt», deren «Sonne» Christus ist, sich im Grossen und Ganzen mit dem Römischen Reiche deckt; dieses bildete in der Tat das von der Vorsehung bestimmte Ausbreitungsgebiet und somit den Lebensbereich des Christentums; wenn in besagten Texten geredet wird von «jedem Volk, das unter dem Himmel ist», dann handelt es sich dabei tatsächlich nur um die in der römischen Welt bekannten Völker (1). Nun müsste sich eigentlich die Frage stellen, ob die Tätigkeit der Missionare, welche ausserhalb der christlichen Welt wirken, völlig unrechtmässig sei: darauf ist zu antworten, dass die innere Berufung des Missionars, ganz abgesehen von ihrer äusseren Kundgebung, auf Christi Gebot fusst und daher einen mystischen Sinn birgt, der nichts mit besonderen Ländern und Völkern zu tun hat. Wenn nun aber das Missionswerk innerlich rechtmässig ist, sofern es nicht bei der Berührung mit fremder Wahrheit oder Heiligkeit eine selbsttrügerische innere Abwehr erfordert und nach aussenhin eine Verleumdung heiliger Dinge auslöst, so muss es auch äusserlich, also den fremden – und an sich «nichtheidnischen» – Kulturen gegenüber irgendeine verhältnismässige Rechtfertigung haben: und die hat es, wenn etwa die Ausstrahlung eines Heiligen sich als mächtiger erweist als dasjenige, was an Segenskraft in einer geistig geschwächten und vielleicht sehr begrenzten Umgebung übrig bleiben mag. Auf alle Fälle betreffen die schwerwiegenden Vorbehalte, die hinsichtlich der neuzeitlichen Missionstätigkeit geltend gemacht werden können, nicht die inneren, im Evangelium verwurzelten Werte des Missionswesens, sondern einzig und allein dessen Verquickung mit der alles entwertenden Zivilisations-Barbarei.

In diesem Zusammenhang muss übrigens folgendes berücksichtigt werden: zur Zeit, als die europäische Ausbreitung im Morgenland einsetzte, war dieses bereits in einen Zustand weitgehenden Zerfalls eingetreten; während aber dieser Zerfall untätig ist wie derjenige eines durch das Altern verbrauchten Körpers, ist die Entartung der modernen Welt im Gegenteil tätig und gewollt, man könnte sagen, «gehirnmässig», und das erklärt auch den sogenannten «Fortschritt» und andere Selbsttäuschungen, etwa den Glauben an die abendländische «Überlegenheit». Allerdings muss gesagt werden, dass eine gewisse Überlegenheit des Abendländers in einem beschränkten seelischen Bereiche tatsächlich vorhanden sein mag, und zwar dank des erwähnten Unterschiedes in der Art des Zerfalles; dem steht aber die viel richtigere, weil geistige Überlegenheit des zeitlosen Morgenlandes gegenüber, auch diejenige des abendländischen Mittelalters, das ja noch heute irgendwie fortlebt, aber den allgemeinen Lauf der Dinge seit langem nicht mehr bestimmen kann. Mit anderen Worten: der Zerfall des Morgenlandes ist eine «Erschlaffung», derjenige des Abendlandes hingegen eine «Verkrampfung», beides aber entspringt einem Überhandnehmen des Triebhaften über den Geist, nur dass die abendländische Leidenschaft im Gehirn sitzt und die morgenländische im Fleisch, wenn man sich der Einfachheit halber so ausdrücken kann; die allgemeine Ursache dieses Überhandnehmens ist die von allen Offenbarungslehren vorausgesehene Verfinsterung der Menschheit in den «letzten Zeiten». Das ist so ziemlich die Leugnung des Entwicklungs- und Fortschrittgedankens, und in der Tat: in den Augen des seinem Geiste treugebliebenen Morgenlandes – wie in denen des seines wahren Wesens noch bewussten Christentums – kann der sogenannte «Fortschritt» nichts anderes sein als ein Teufelskreis, der vergebens die unausweichlichen Daseinsnöte auszuschalten versucht, und zwar auf Kosten all dessen, was dem Leben einen Sinn gibt und es lebenswert macht (2).

Es ist gewiss nicht schwer, bei den alten Kulturen all die Schwächen, Missbräuche und Auswüchse festzustellen, die eben im Menschlichen liegen und deshalb weitgehend unvermeidlich sind, da «nur Gott gut ist»; viel schwieriger wäre es dagegen, zu sagen, wie solche Nöte tatsächlich vermieden werden könnten, und zwar unter Gewährleistung all dessen, was Sinn und Inhalt der betreffenden

Kultur ausmacht, denn eine Krankheit auszuschalten, indem man den Kranken tötet, bedraf keiner besonderen Weisheit. Was wir den Abendländern vorwerfen, ist nicht etwa, dass sie bei alten Kulturen wirklich vorhandene Unvollkommenheiten feststellen, sondern vielmehr, dass sie aus solchen Feststellungen falsche Schlüsse über den Gesamtwert jener Kulturen ziehen; um so urteilen zu dürfen, müsste die moderne Zivilisation als solche alle Werte besitzen, welche jeder wahren Kultur zugrunde liegen, müsste also beweisen, dass der unangetastete Besitz dieser Werte mit alledem, was die Abendländer «Fortschritt» nennen, tatsächlich vereinbar ist; mit anderen Worten: es müsste gezeigt werden, wie es möglich ist, dass der Mensch seine restlose Aufmerksamkeit gleichzeitig allen Geistes- und Lebensgebieten schenke, dass eine Kultur tatsächlich – nicht bloss theoretisch – die modernen Erfindungen und anderen «Errungenschaften» mit einem beschaulichen, aufs Ewige gerichteten Geiste verbinde. Dass dies nicht möglich ist, beweist das Abendland auf seine Weise, wie es das Morgenland auf die seinige zeigt: die modernen Fortschritte setzen in der Tat ganz einseitige und wahrhaft «gottvergessene» Bemühungen voraus, welche ihrerseits durch eine götzendienerische Überschätzung des Irdisch-Vergänglichen – nicht etwa der edlen Schönheit, sondern des gemeinen Wohllebens – bedingt sind. Die moderne Zivilisation unterscheidet sich von den alten Kulturen – also auch vom Christentum als solchem – nicht dadurch, dass sie besser ist, sondern nur dadurch, dass sie das Diesseitige, Weltliche auf Kosten des Jenseitigen, Geistigen gewählt hat; mit welchem Recht und auf Grund welcher Erfahrung kann sie da den alten Kulturen – also auch dem abendländischen Mittelalter – den Vorwurf machen, der Zwangsläufigkeit einer Wahl nicht entronnen zu sein und zudem das Bessere gewählt zu haben? Denn: entweder besitzt die moderne Zivilisation als solche die geistigen Werte der vollwertigen, weil vom Geiste her bestimmten Kulturen, und in diesem Falle können wenigstens einige ihrer Errungenschaften als Vorbild dienen, nämlich jene, welche dem Menschen ein paar verwendbare Vorteile gewähren; oder aber, die moderne Zivilisation besitzt die wahren geistigen Werte nicht (3), dann aber fehlt ihr, was allein dem Leben einen Sinn verleiht und es lebenswert macht; in diesem Falle sind selbst ihre brauchbaren oder mindestens unschädlichen Errungenschaften nichtig, da ja keinerlei Massgleichheit zwischen dem Seelenheile und dem irdischen Wohle besteht, ganz abgesehen davon, dass die moderne Welt weit davon entfernt ist, dieses Wohl wirklich zu gewährleisten. In Wirklichkeit hat eine Errungenschaft nur unter drei Bedingungen Wert: erstens muss sie die Frucht einer geistigen Kultur sein und darf dieser nicht zuwiderlaufen (4), und zweitens darf sie nicht durch Umstände bedingt sein, welche gleichzeitig andere, der Menschheit schädliche Erfindungen oder Neuerungen nach sich ziehen (5); drittens darf die Errungenschaft nicht bloss scheinbar sein, in dem Sinne, dass sie früher oder später furchtbare Rückschläge auslöst, weil man die Natur der Dinge nicht berücksichtigt hat (6).

Und so gibt es hier letzten Endes nur zwei Möglichkeiten: entweder eine geistige, überlieferungsmässige Kultur, die jedoch manchen Missbrauch, manchen Aberglauben und manche Nachlässigkeit mit sich bringt, oder aber eine bloss vernunftmässige, – oder wenigstens vernünftig sein wollende, dabei aber höchst unvernünftige, – grundsätzlich also geistesfeindliche, diesseitige und vermeintlich «fortschrittliche» Zivilisation, welche zwar einige zerbrechliche irdische Vorteile gewährt, dafür aber alles ausschliesst, was den zureichenden Grund des menschlichen Daseins ausmacht. Eine andere Wahl gibt es nicht.

*

In diesem Zusammenhange muss noch folgendes gesagt werden: die wahre Geisteskultur hat nichts mit demjenigen zu tun, was man «exakte Wissenschaft» nennt, denn diese sucht die Genauigkeit bloss in den mehr oder weniger sinnfälligen Tatsachen und nicht in der übersinnlichen, kosmologischen und metaphysischen Wirklichkeit. Die tatsachenmässigen Irrtümer, die aus einem naturgegebenen Anschein hervorgehen, – etwa der Umstand, dass die Sonne scheinbar um die Erde kreist, – drücken durch die naturbedingte und somit gottgewollte Sinnbildlichkeit des jeweiligen Anscheins geistige Wahrheiten aus; der sich allen Menschen darbietende Anschein kann kein Zufall sein, denn Erde und Sonne waren vor dem Menschen da, so wie es ja auch keine sinnlose, vom Einzelmenschen leicht zu behebende Täuschung ist, dass für die Erdenwesen der Himmel «oben» ist und dass ein Gegenstand nach «unten» fällt, oder dass eine natürliche Entsprechung zwischen Licht und Wahrheit, Wärme und Liebe besteht. Indessen: da es nichts in der Natur gibt, was nicht sinnbildlich wäre, – denn alle Erscheinung trägt den Stempel ihrer Ursache, – entzieht sich selbstverständlich auch die Tatsache der Erdbewegung nicht dem Gesetze der Sinnbildlichkeit, nicht in dem Sinne, dass sie das vorhergehende Gleichnis Lügen strafte, sondern dadurch, dass sie dieselben Wahrheiten anders oder in einer erweiterten Beziehung kundgibt; ja es kann vorkommen, dass offenbarte Schriften widersprechende Sinnbilder gebrauchen, indem einmal eine Tatsache, ein andermal ein blosser Anschein Sinnbild ist.

Die Kenntnis der uns von der Natur vorenthaltenen Tatsachen kann keinen entscheidenden Wert haben; Christus hat es nicht für nötig befunden, uns zu lehren, dass die Erde rund ist, – oder uns vom Irrtum zu befreien, dass sie flach sei, – und so kann auch eine Kultur nicht deshalb überlegen sein, weil sie solches weiss, besonders dann nicht, wenn sie unendlich Wichtigeres und Wahreres nicht weiss. Mit anderen Worten: entweder wir stehen in der metaphysisch-mystischen Wahrheit, und dann spielen die äusseren Tatsachen keine Rolle mehr, kann doch ihr gesamtes Gebiet der Allwirklichkeit nichts hinzufügen; oder aber, wir stehen auf der erfahrungsmässigen Ebene der blossen äusseren Tatsachen, – auch die seelischen Erlebnisse gehören dazu, sind geistig betrachtet «äusserlich», – und dann sind wir von vornherein in der Täuschung, in der weltumfassenden *Mâyâ*.

Die Zerstörung einer naturgewollten Sinnbildlichkeit ist an sich gleichgültig, sie kann sogar auf ihre Weise eine geistige Formdurchbrechung vorzeichnen; sie kann aber auch für gewisse Menschen und Menschengruppen schwere Schäden verursachen, wie ja im Abendlande die «Abschaffung» des Erdstillstandes und der Sonnenbahn die «Abschaffung» Gottes nach sich zog, – eine an sich gewiss nicht notwendige, aber im Wesen des westlichen Rationalismus liegende Entwicklung (7).

Mit alledem soll gar nicht geleugnet werden, dass es im Schoße alter Kulturen nicht nur weisheitsträchtige Mythen, sondern auch Fabeln gibt, die auf blosser Unwissenheit oder auf Verwechslung verschiedener Natur- oder Geistesgebiete beruhen und übrigens meist volkstümlichen Ursprungs sind; solche Fabeln, sofern man sie im Namen der Tatsachenwahrheit belächeln will, gehören zum unvermeidlichen *minus* jeder Kultur, deren Schwergewicht nicht im Sinnfälligen und Erfahrungsmässigen, sondern im Ewigen und Gewissen liegt (8), und die folglich von der Erkenntnis ausgeht, dass das Ich eine grössere Täuschung ist als der Glaube an Kentauren und Donnervögel.

*

Wie in diesem Buche schon erwähnt wurde, wird die Haltung der Exoterik fremden Religionen gegenüber durch zwei Punkte bestimmt, nämlich erstens durch die jeder Offenbarung innewohnenden «Einzigkeit», und zweitens durch die – als äussere Folge dieser notwendigen «Einzigkeit» eintretende – Verwerfung eines «Unglaubens»; nun genügt es, das Christentum zum Beispiel im Rahmen seines Ausbreitungsgebietes zu betrachten, – den es ohne die «antichristlichen» Maschinen ja nie überschritten hätte, von einigen Ausnahmen abgesehen (9), – um zu verstehen, dass diese beiden Punkte ausserhalb ihrer sozusagen natürlichen Grenzen nicht mehr buchstäblich aufzufassen sind, sondern auf die Ebene des Allgemeingültigen übertragen werden müssen. Mit anderen Worten: es heisst zu verstehen, dass jede Religion auf ihre Weise diese «Einzigkeit» und diese Verwerfung eines «Unglaubens» für sich in Anspruch nehmen darf; jede stellt auf Grund ihrer Rechtmässigkeit «die Religion» dar, also eine Form der Urreligion oder der Allwahrheit.

Der buchstäbliche Sinn göttlicher Worte, die sich mit menschlichen Bedingtheiten befassen, ist notwendigerweise selber irgendwie bedingt oder begrenzt: er hält sich innerhalb der Schranken des Bereiches, auf welchen er – der göttlichen Absicht gemäss – Anwendung finden soll; Maßstab dieser Absicht ist das Wesen der Dinge selber, sofern die Verhältnisse nicht zu sehr durch künstliche Eingriffe gestört wurden. Nur der rein geistige Sinn kann unbedingte Geltung beanspruchen; das Gebot, «allen Völkern zu predigen», macht hier keine Ausnahme, sowenig als andere Worte, deren natürliche Einschränkungen niemandem entgehen, und zwar deshalb nicht, weil man keinen Nutzen sieht, sie buchstäblich aufzufassen: wir denken hier zum Beispiel an das Gebot, die linke Wange darzureichen, oder beim Beten nicht viele Worte zu machen, oder nicht für den anderen Tag zu sorgen; diese und ähnliche Gebote werden nicht wörtlich aufgefasst, obwohl der göttliche Sprecher nie ausdrücklich die Grenzen angegeben hat, innerhalb welcher diese Gebote Geltung haben. Immerhin: der «wortwörtliche» Sinn findet sich nicht nur offensichtlich bis zu einem gewissen Grade im Gebote, allen Völkern das Evangelium zu predigen, sondern auch in den anderen von uns angeführten Geboten Christi: es kommt nur darauf an, diesen Sinn jeweils richtig anzuwenden, – wie es je nach den Fällen die Gnade, die Erkenntnis oder der gesunde Menschenverstand erfordert, – ohne die übrigen ebenfalls möglichen Bedeutungen auszuschliessen. Wenn es zutrifft, dass das Missionsgebot sich nicht schlechthin auf das einzige Anliegen beschränken kann, die «christliche Welt» zu errichten, – ein für die Urchristen gegenstandsloser Gedanke, da sie keine vergleichenden Maßstäbe hatten, – sondern dass es auch die Verkündigung des Evangeliums unter jedem erreichbaren Volke einschliessen muss, so trifft es nicht weniger zu, dass das Gebot, die linke Wange darzureichen, in gewissen Fällen geistiger Zucht ganz wörtlich aufzufassen ist; und dasselbe gilt von allen geistigen Geboten. All diese Fragen haben vielerlei Anblicke und lassen sich schwer umgrenzen, sofern nicht eine bestimmte Beziehung ins Auge gefasst wird.

Das von Christus den Aposteln auferlegte Missionsgebot, sagten wir zu Anfang dieses Kapitels, fand seine natürliche – aber nicht absolute – Einschränkung in den Grenzen des Römischen Reiches: das setzt voraus, – wie Dante sehr richtig gesehen hat,– dass diese Grenzen von der Vorsehung gewollt waren; mit anderen Worten: das Gebot rechnet mit Tatsachen und lässt folglich manches unausgesprochen, was die Tatsachen nachträglich von selber bestimmen.

Und ebenso: die Ausbreitung des Islams macht notgedrungen an ähnlichen Grenzen halt, und zwar aus denselben Gründen; wenn solche Grenzen manchmal schwanken, dann ist es, weil sich verschiedene Möglichkeiten erschöpfen müssen, das heisst, weil es im Wesen der kosmischen Allmöglichkeit liegt, dass nie alles restlos abgezirkelt sei. Nun mag man allerdings die Frage aufwerfen, inwiefern die islamische Ausbreitung in Indien und Westchina, wo doch geistig lebendige Kulturen herrschen, von der Vorsehung gewollt sein konnte, und da lässt sich folgendes sagen: die Rolle des Islams in diesen alten Kulturgebieten besteht darin, diejenigen Einzelmenschen oder Gruppen in die neue Religionsgemeinschaft aufzunehmen, die aus gewissen zyklischen Gründen in Hindu- und Chinesentum keinen organischen Raum mehr fanden, also auch darin, die geistige Oberschicht der niederen Hindukasten aus diesem für sie überholten System herauszubrechen, wodurch sie in einem gewissen, allerdings sehr entfernten Sinne, zum kastenlosen, paradiesnahen Urzustand zurückgeführt werden; ähnliches liesse sich von China sagen.

Diese Betrachtung veranlasst uns, hier einen gewissen Anblick der Kastenfrage zu erörtern: die Möglichkeit «Brahmanentum» muss sich letzten Endes in allen Kasten, also auch bei den *Shûdras* und selbst bei den kastenlosen Parias kundgeben (10); denn wenn die unteren Kasten – oder Nichtkasten – anfänglich Teile des Volksganzen waren, sind sie mit der Zeit ihrerseits zu Ganzheiten geworden, etwa wie Völker, die ja nie Kasten, sondern stets Gesamtheiten sind. Mit anderen Worten: der gegenwärtige Zustand der indischen Kasten scheint in einem gewissen Grade – und mindestens sinnbildlicherweise – die ursprüngliche Ungeschiedenheit nachzuzeichnen, insofern die geistigen Kastenunterschiede immer geringer werden; da nun die unteren Kasten sehr zahlreich geworden sind und tatsächlich ganze Völker darstellen, müssen alle menschlichen Möglichkeiten in ihnen enthalten sein, und zwar schon deshalb, weil die Kaste ja nur eine verhältnismässige Umgrenzung sein kann, sind doch, – was gerade der Islam mit besonderem Nachdruck hervorhebt, – alle Menschen als solche vor Gott gleich; die oberen Kasten hingegen, die sich nicht im gleichen Masse vermehrt haben, leiden unter einer entgegengesetzten Entwicklung, nämlich unter einer geistigen Entwertung, die umso fühlbarer wird, als die «Verderbnis der Besten am schlimmsten» ist *(corruptio optimi pessima)*. Um jeder Missdeutung zuvorzukommen, muss betont werden, dass die Oberschicht der niederen Kasten nur vom geistigen, nicht vom gesellschaftlichen Standpunkte aus ihre Kaste überragt, denn dass ein geistig hochstehender *Shûdra* seinem Werte nach Brahmane ist, bringt durchaus nicht mit sich, dass er auch die brahmanische Erbmasse in sich trage und rechtmässig in die Brahmanenkaste hineinheiraten dürfe. Wie dem auch sei: die Kastenordnung, die während Jahrtausenden eine für die Hinduwelt unentbehrliche Stütze des Gleichgewichtes war und es auch heute noch ist, weist nichtsdestoweniger am Ende der Zeiten *(des Mahâ-Yuga)* (11) notgedrungen Risse auf, wie ja der gesamte irdische Bereich überhaupt; für die unteren Kasten aber haben diese Risse auch einen bejahenden Sinn, und zwar aus dem kosmisch-zyklischen Grunde, welchen Mohammed der islamischen Blickrichtung gemäss in folgende Worte fasste: «Am Anfang des Islams ist verloren, wer auch nur ein Zehntel des Gesetzes vernachlässigt; am Ende der Zeiten ist gerettet, wer auch nur ein Zehntel des Gesetzes erfüllt.»

Anmerkungen

1. Die Heilige Schrift spricht von «frommen Juden aus jedem Volk, das unter dem Himmel ist» *(ex omni natione quae sub caelo est),* und damit kann sie offensichtlich nicht die Japaner oder die Azteken meinen, obgleich diese Völker auch zur irdischen Welt gehören, die sich «unter dem Himmel» befindet; der gleiche Text gibt übrigens weiter unten genau an, was für den neutestamentlichen Schreiber «alle Völker unter dem Himmel» waren: «Wir, Parther und Meder und Elamiter, und die wir wohnen in Mesopotamien und in Judäa und Kapadozien, Pontus und Asia, Phrygien und Pamphylien, Ägypten und an den Enden von Libyen bei Kyrene, und Ausländer von Rom, Juden und Judengenossen, Kreter und Araber: wir hören sie in unseren Zungen die grossen Taten Gottes reden» *(Apg.* II, 5–11). Dieselbe notwendigerweise beschränkte Vorstellung der Welt ist auch in folgenden Worten des Apostels Paulus enthalten: «Aufs erste danke ich meinem Gott durch Jesum Christum euer aller halben (der Kirche von Rom); dass man von eurem Glauben in aller Welt sagt» *(in universo mundo);* nun ist aber offensichtlich, dass der Schreiber nicht konnte behaupten wollen, der Glaube der römischen Urkirche sei bei allen Völkern, die nach dem Wissen der heutigen Erdkunde zur «ganzen Welt» gehören, in hohem Rufe gestanden; die «ganze Welt» war für die Christenheit die römisch-abendländische Welt mit einigen Verlängerungen ins Morgenland. Wenn Paulus von den anderen Aposteln sagt, indem er einen Vers aus Psalm XIX auslegt: «Es ist ja in alle Lande ausgegangen ihr Schall und in alle Welt ihre Worte» *(Röm.* X, 18), wer ziehe ihn deswegen des Irrtums, und wer bestritte, dass seine Redeweise sich nur aus der notwendigen und unumgänglichen Beschränkung jeder Offenbarungswelt erklären und rechtfertigen lässt? Und ebenso: wenn der heilige Justinus der Märtyrer ein Jahrhundert nach Christus sagt, dass es keine menschliche Rasse gebe, weder Griechen noch Barbaren noch irgendein Volk, wie sein Name auch immer sei, in dessen Mitte nicht der Name Jesu angerufen werde, wer dächte daran, ihn beim Wort zu nehmen und den Heiligen einer Lüge zu bezichtigen? Im übrigen ist es bezeichnend, dass die Apostelgeschichte die Tätigkeit der Apostel, die sich aus der römischen Welt entfernt hatten, mit Schweigen übergeht; und andrerseits wurde Paulus und seinem Gefährten Timotheus «gewehrt von dem Heiligen Geiste, zu reden das Wort in Asia»; und als sie in Mysien angelangt waren und sich nach Bithynien begeben wollten, «liess es ihnen der Geist Jesu nicht zu.» *(Apg.* XVI, 6–7)

2. Auch Völker, welche zu keinem der grossen Kulturkreise gehören und zu Recht oder zu Unrecht für «Barbaren» oder «Wilde» gehalten werden, können so empfinden. Man lese unser Nachwort zum Buche *Die heilige Pfeife,* vom Sioux-Indianer Schwarzer Hirsch (Hächaka Ssapa, Black Elk) (Olten und Freiburg im Breisgau. 1956).

3. Es kann weder behauptet werden, dass die moderne Zivilisation christlich sei, noch dass das Christentum in ihr auf eine Weise Platz finde, die seinen elementaren Rechten entspreche; das eine läuft übrigens auf das andere hinaus. Die moderne Zivilisation ist grundsätzlich dem Christentum – wie jeder Geisteskultur – entgegengesetzt; der Umstand, dass sie es noch nicht ihrem

innersten Wunsche gemäss erdrosselt hat, bedeutet noch lange nicht, dass sie dessen rechtmässige und haltbare Stütze sei.

4. Das heisst, sie muss auf eine organische Art und Weise an das bestehende Geistesgut anknüpfen, muss sich in die Gesamtkultur eingliedern, was voraussetzt, dass diese wirklich verstanden werde. Für jede Wissenschaft gibt es in der heiligen Überlieferung Anhaltspunkte, welche die Wissenschaft keineswegs entbehren kann, denn die Wahrheit ist einheitlich und der Mensch ist ein unteilbares Ganzes; überdies muss jede Wissenschaft organisch mit einer entsprechenden Geisteshaltung zusammenklingen.

5. Es ist leider so, dass die Voraussetzungen, welche ausserordentliche Fortschritte auf technischem oder chemischem Gebiete ermöglichen, eben alle damit zusammenhängenden Gebiete umfassen, so dass Fortschritte in der Arzneikunde unfehlbar mit Fortschritten in der Zerstörungskunst Hand in Hand gehen; eine Welt, welche Seuchen abschaffen kann, muss auch die Atombombe erfinden.

6. So ist die wissenschaftliche Hygiene durchaus kein reiner Segen, wie die Übervölkerung und alle mit ihr zusammenhängenden Nöte und Bedrohungen beweisen. Manche alten Völker, die Japaner und die Indianer zum Beispiel, hatten Gesetze zur Beschränkung der Geburten; dabei lebten gerade diese Völker viel hygienischer als die meisten Abendländer.

7. Der Inder und der Ostasiate ist bei seiner stark beschaulichen und wenig rationalistischen Veranlagung dieser Gefahr wenig ausgesetzt, es sei denn durch abendländischen Einfluss. Während die *Purânas* die Erde als Scheibe darstellen, wird sie im *Sûrya-Siddhânta* als schwebende Kugel beschrieben, ein tatsachenmässiger Widerspruch, der dem Hindu keine Schwierigkeiten bereitet, da er immer das Sinnbildliche – den «Sinn» des «Bildes» – ins Auge fasst und zudem mit der Verschiedenheit der Gesichtspunkte rechnet.

8. Umgekehrt sind die weltanschaulichen Fabeln, von welchen die moderne Zivilisation lebt, die Kehrseite der Entdeckungen und Erfindungen, oder vielmehr: die Wahrheit auf einem beschränkten Tatsachengebiete ist ein schwacher Ausgleich für den Irrtum auf dem Gebiete der grundsätzlichen und allbestimmenden Wahrheiten. Gerade darin liegt das Elend dieser Zivilisation, dass die Wahrheit bloss auf der Ebene äusserlichster Tatsachen liegt und nicht im Bereiche des «Einen, was not tut»; der Aberglaube eines Kaffern – sofern wirklich Aberglaube vorliegt – ist bestimmt nicht lächerlicher als der Glaube an einen endlosen «Fortschritt». Im übrigen: viele von der modernen Wissenschaft für Fabeln gehaltene Dinge sind Wirklichkeit; dabei ist es bezeichnend, dass diese «exakt» sein wollende Wissenschaft in mancher Hinsicht ganz unlogisch vorgeht, so zum Beispiel, wenn sie eine Unwahrscheinlichkeit einer Unmöglichkeit gleichsetzt, oder wenn sie in Ermangelung von Beweisen – oder ihr einleuchtender Beweise – auf das Nichtvorhandensein einer Sache schliesst.

9. Solche Ausnahmen sind metaphysisch notwendig, weil «die Ausnahme die Regel bestätigt», das heisst, weil es in der Welt keine absoluten Abgrenzungen

gibt; die Möglichkeiten, welche diesem Gesetze Form verleihen, müssen sich kundgeben. Daher rühren zahllose widersprüchliche Naturerscheinungen.

10. Ausnahmen, welche die Kaste – oder Kastenlosigkeit – durchbrechen oder aufheben, gab es zu jeder Zeit, jedoch nicht aus dem besonderen kosmologischen Grunde, den wir hier geltend machen, sondern einfach weil die Ausnahme als solche eine Möglichkeit und folglich eine verhältnismässige Notwendigkeit ist, ganz abgesehen davon, dass man den hinduistischen Wandermönch *(sannyâsî)* als jenseits der Kasten stehend betrachtet, und dass ihn niemand nach seiner früheren Kaste befragt. In Südindien lebte ein Paria, Tiruvalluvar, «der Göttliche», der als *Avatâra* der Gottheit *Shiva* verehrt wird.

11. Ein *Mahâ-Yuga* («Grosses Zeitalter») besteht aus vier Zeitaltern: *Satya-* oder *Krita-Yuga, Dwâpara-Yuga, Treta-Yuga* und *Kali-Yuga,* welche beziehungsweise unserem «goldenen», «silbernen», «ehernen» und «eisernen» Zeitalter entsprechen. Das Ende des *Kali-Yuga* – in diesem Zeitalter leben wir – entspricht der Herrschaft des Antichrist; von einem «Fortschritt» der «Zivilisation» kann also weder im Hinduismus noch im Christentum – und ebensowenig in jeder anderen Offenbarungslehre – die Rede sein.

Siebentes Kapitel

Der Dreiklang der monotheistischen Offenbarung

Die innere Einheit der Religionen tut sich auf eine besonders lehrreiche Weise in den Wechselbeziehungen zwischen den drei grossen, «monotheistisch» genannten Religionen kund, und zwar gerade deshalb, weil diese Religionen äusserlich unvereinbar sind. Man muss hier unterscheiden können zwischen «sinnbildlicher Wahrheit» und «unmittelbarer Wahrheit»: sinnbildlich wahr sind die Einwände, mit welchen das Christentum und der Buddhismus ihre jeweilige Ursprungsreligion zu entkräften trachten; wahr an sich ist der geistige, allgemeingültige Gehalt dieser Einwände, und dieser allein ist wesentlich. Was Paulus dem Judentum vorwirft, kann gewiss nicht als eine erschöpfende Bewertung der mosaischen Religion betrachtet werden, trifft aber auf das Pharisäertum seiner Zeit zu und hat andrerseits insofern allgemeine Bedeutung, als es immer und überall solche «Pharisäer» gibt; ähnliches kann von den Urteilen des Buddha über die brahmanische Schulweisheit seiner Zeit gesagt werden, die ja auch nicht dem Brahmanentum als solchem gerecht werden, ohne aber dabei in Hinsicht auf ein bestimmtes Pedantentum – dasjenige unfruchtbarer Schriftgelehrter, die «vor Bäumen den Wald nicht sehen» – falsch zu sein; allerdings lehnt der Buddha mitsamt dieser Gelehrsamkeit den Veda ab, wozu er aber – im Unterschiede zu Häretikern – die geistige Vollmacht besitzt, verkörpert er doch wie der Veda eine selbständige, eigengesetzliche Offenbarung.

Ähnliche an sich rechtmässige Gegensätze können auch innerhalb ein und derselben Religion auftreten und sind von Irrlehren wohl zu unterscheiden: so kann der Bruch zwischen der Ost- und der Westkirche (1), oder zwischen dem sunnitischen und dem schiitischen Islam, – oder auch zwischen dem *Mahâyâna*- und dem *Hînayâna*-Buddhismus, – die jeweilige innere Wahrheit und geistige Wirksamkeit nicht aufheben; es kann sich hier übrigens nicht um menschlich gewollte Spaltungen handeln, – denn das wäre mit der Wahrheit und Gültigkeit der Überlieferungen unvereinbar, – sondern diese Trennungen sind gottgewollt, sie entsprechen naturbedingten und tiefliegenden, also durchaus nicht bloss künstlichen Unterschieden. Der Geist der Überlieferung kann verschiedene Anpassungen erfordern, je nach den menschlichen Gegebenheiten, ohne sich selber untreu werden zu müssen; die Irrlehren hingegen sind in sich selber falsch, sie sind nicht bloss äusserlich unvereinbar mit einem gegensätzlichen Anblicke der Wahrheit.

*

Der Monotheismus, der Judentum, Christentum und Islam umfasst, fusst auf der dogmatischen Idee der göttlichen Einheit; wenn wir diese Idee dogmatisch nennen, so deshalb, weil sie jeden anderen Standpunkt ausschliesst, und zwar notwendigerweise, da ja die glaubensmässige Wirksamkeit der zureichende Grund aller Dogmatik ist, das heisst, weil ohne Dogmatik die Ideen in gewissen geistigen Verhältnissen weder glaubbar noch lebensfähig sind. In der Tat kennzeichnet sich die Exoterik – wie schon erklärt wurde – durch die Unvereinbarkeit gegensätzlicher Formen, während sich in der reinen Metaphysik scheinbar widersprüchliche Ausdrucksformen durchaus nicht ausschliessen oder beeinträchtigen, und zwar deshalb nicht, weil die Metaphysik das Wesen aller Form und daher die Begründung der formhaften Gegensätze umfasst.

Träger des Monotheismus war ursprünglich der nomadische Zweig der Semiten, welcher von Abraham ausging und sich in zwei weitere Zweige teilte, nämlich denjenigen Isaaks und denjenigen Ismaëls; erst seit Moses wurde der Monotheismus «Judentum». Während die Lehre vom Einen Gott bei den Nachkommen Ismaëls langsam durch einen magischen Fetischismus verdüstert wurde, so dass die Gnadenquelle beinahe versiegte (2), ward Moses berufen, dem Monotheismus im Volke Israel eine gewaltige Stütze zu geben, wodurch Israel der Hüter dieser Lehre und des dazugehörigen, auf dem Sinai erneuerten Gnadenquells wurde; dadurch ward jedoch der Monotheismus auf einen zu ausschliesslichen Nenner gebracht. Dies war zwar notwendig, um das abrahamische Geistesgut in einer heidnischen Umwelt zu bewahren; nichtsdestoweniger verengte sich dabei die Überlieferung durch die im Volke Israel liegenden, besonderen Gegebenheiten: die Wahrheit vom Einen Gotte wurde Israels Sache, war vom auserwählten Volke nicht mehr trennbar; Gott selber erschien irgendwie als zum jüdischen Volke gehörig, wenn man sich so ausdrücken darf. So erhielt der Monotheismus einen ausgesprochen geschichtlich-menschlichen Wesenszug, der wohl gottgewollt, aber trotzdem einschränkend war; und gerade dieser Wesenszug rief nach einem Höhepunkte, einer die bisherige Enge brechenden und alles überstrahlenden Steigerung und Erfüllung: dem Messias.

Das Christentum sog einerseits das abrahamische Erbe völlig auf, indem dieses in Christus seinen umfassenden und geschlossenen Ausdruck fand; dabei überstieg und durchbrach der Messias Jesus notwendigerweise die mosaische Form, da diese ja eine Ausstrahlung des Monotheismus über die Grenzen Israels hinaus verunmöglichte; um das zu vollbringen, musste Christus Gott sein, also «mehr als Moses» und «vor Abraham». Diese äusserste geschichtliche Erscheinungsmacht Christi hatte aber eine ähnliche Folge wie die Ausschliesslichkeit des jüdischen Volkes: der Monotheismus war jetzt die Sache Christi geworden, war untrennbar von seiner Erscheinung: Gott war irgendwie Jesus Christus geworden. Und da erschien die dritte grosse Welle im monotheistischen Offenbarungsrhythmus: der Islam, welcher die Strahlkraft der Offenbarung von der geschichtlichen und äusserlich zwangsläufig menschlichen Erscheinung Jesu löste, – und selbstredend auch vom jüdischen Volke, – wodurch das abrahamische Geistesgut in seiner Ursprünglichkeit allen Menschen eröffnet wurde; anders gesagt ist der Islam irgendwie der Monotheismus an sich, allerdings in einer neuen formhaften Einkleidung; diese legt jedoch ihr Schwergewicht weder auf eine völkische noch auf eine messianisch-geschichtliche Gegebenheit, sondern auf die monotheistische Idee, sodass der Prophet ihr gegenüber in den Schatten treten muss.

Man könnte vom jüdisch-glaubensmässigen Standpunkte aus einwenden, was Maimonides sagte: «Unsere Thora ist für die Ewigkeit, nichts kann ihr hinzugefügt, nichts kann von ihr weggenommen werden»; wie lässt sich nun die Aufhebung des mosaischen Gesetzes durch Christus mit der Ewigkeit der Thora vereinbaren? Da ist folgendes zu sagen: diese Aufhebung ist auf ihrem Gebiete, nämlich im Bereiche der christlichen Gnadenstrahlung, wohl durchaus wirklich, hat aber jenseits dieses Bereiches keine Geltung mehr; mit anderen Worten: die unbedingte Gültigkeit der Thora ist wahrer als ihre bedingte Aufhebung durch den Messias; der Messias selber ist aber ebenso unbedingt gültig wie die Thora; er ist an sich absolut, in seinem Verhältnis zum Judentum jedoch bedingt. Wenn auch die wahre Gottesgegenwart (die *Shekhinah*) das Allerheiligste des Tempels von Jerusalem verlassen hat, so bleibt sie doch – mit der Thora – in Israel, allerdings nicht wie ein ununterbrochen brennendes Feuer, sondern wie ein Feuerstein, der das Feuer enthält und je nach den Umständen wieder entfachen kann.

Judentum und Christentum sind gegensätzliche Pole; der Islam hebt diesen Gegensatz in seiner eigenen Form auf, steht aber gerade dadurch den beiden früheren Religionen gegensätzlich gegenüber, etwa wie bei einem Dreieck die Spitze der Basis gegenüberliegt, während hier jeder Winkel in gegensätzlichem Verhältnis zum anderen steht. Man könnte den Islam ein das Christentum nicht verneinendes Judentum, oder ein das Judentum nicht aufhebendes Christentum nennen, wenigstens sinnbildlicherweise: in der Tat ist der Koran eine Art neuer Thora, – was das ausgesprochen mystische, nicht gesetzgeberische Evangelium kaum ist, – und andrerseits anerkennt der Islam Christus, zwar nicht als Gott, – denn das tat Abraham auch nicht, – aber doch als jungfräulich geborenen, allerheiligsten Gottgesandten. Der Islam stellt eine geistige Schau dar, welche nur zwischen Gott und Welt unterscheidet, ohne eine «avatârische» Zwischenmöglichkeit in sein Blickfeld einzubeziehen; er tut es mit dem selben geistigen Rechte, mit welchem etwa der Buddhismus die göttliche «Persönlichkeit» ausserhalb seiner Schau lässt, ohne dabei «atheistisch» zu sein, da ja hier das Ziel nichts anderes als das «Erlöschen» *(Nirwâna)* in der göttlichen Wirklichkeit ist. Die islamische Esoterik nimmt gerne an, dass Jesus Gott ist, will aber jeden Anschein des Glaubens vermeiden, Gott sei Jesus; letzteres lehrt zwar auch das Christentum nicht, aber tatsächlich liegt die Gottesidee doch auf diese Weise im christlichen Bewusstsein, da Christus eben als die einzige und einzigmögliche Kundgebung Gottes auftritt. Der Islam hingegen sieht in Christus eine besondere, unmittelbare Kundgebung der esoterischen Gottverschmelzung, bedingt durch das besondere Wesen der Botschaft Christi; was dem Christen also Zeichen absoluter Überlegenheit ist, das bedeutet dem Sufi nur besonderen Modus der Geisteskundgebung. Der Islam ist gewissermassen eine abrahamische «Rückwirkung» auf die «Beschlagnahme» des Monotheismus durch Israel einerseits und durch den Messias andrerseits; und wenn sich diese Standpunkte metaphysisch auch keineswegs ausschliessen, sind sie nichtsdestoweniger exoterisch unvereinbar.

Judentum und Christentum bilden dem Islam gegenüber dadurch eine Einheit, dass sie beide auf der biblischen Offenbarung fußen; Christentum und Islam hingegen widersetzen sich insofern dem Judentum, als sie beide dessen völkische Enge durchbrechen und der Eingottlehre zu ihrer übervölkischen Ausstrahlung verhelfen. Das Christentum durchbrach den irdisch gesetzgeberischen Charakter des Judentums durch eine Veräusserung des esoterischen Kernes, das heisst durch die Mysterien der Gottesliebe und Gottwerdung; die gesellschaftliche Ordnung wurde durch eine bloss geistige, mystische ersetzt: «Mein Reich ist nicht von dieser Welt»; da aber die Kirche wohl oder übel in dieser Welt leben muss, wurde ein Erdengesetz ausserhalb der Offenbarung geholt, das römische Gesetz wurde verchristlicht, was einen nicht ungefährlichen Zwiespalt mit sich brachte. Der Islam hingegen brachte eine heilige Gesetzgebung «für diese Welt», und so verwirklichte er auf seine Weise das Judentum, verband aber dieses verjüngte Judentum mit einer dem Christentum entsprechenden Ausbreitung über «alle Völker».

Abschliessend sei hier nochmals darauf hingewiesen, dass jede Religion im Verhältnis zu den anderen einen Höhepunkt darstellt, und darstellen muss: das Judentum durch die Offenbarung der Eingottlehre und das Christentum durch die Fleischwerdung des Einen Gottes, also durch die Göttlichkeit Christi; jede Religion ist durch irgend einen Vorzug «die Religion». Und das bringt die Notwendigkeit von Widersprüchen mit sich; denn Gott muss mit jeder durch bestimmte Bedingungen gekennzeichneten Menschheitsgruppe eine eigene Sprache reden, eine Sprache, die nicht bloss die äusserliche Erweiterung einer schon geredeten Sprache ist, sondern die trotz aller Ähnlichkeiten mit anderen Offenbarungen aus der Mitte kommt und der betreffenden Menschheitsgruppe ganz eigen gehört; daher die formhaften Abgrenzungen, welche zwangsläufig manche Verneinungen nach aussenhin bedingen.

Wir können uns auch so ausdrücken: wenn Gott «in der Zeit» die Form seiner Offenbarung wechselt, in dem Sinne, dass er auf einen «Alten Bund» einen «Neuen Bund» folgen lässt, so tut er es auch «im Raume», in dem Sinne, dass er neben eine Christenheit einen Islam stellt; wie eine Perlenkette, – wo keine Perle die andere sein kann, jede aber eine Perle ist, – wie eine Perlenkette durchziehen die verschiedenen Offenbarungsformen Zeit und Raum.

Anmerkungen

1. So sonderbar es klingen mag, darf gesagt werden, dass beide grossen Kirchen recht haben, wenn auch nicht überall im gleichen Maße. Beide Standpunkte sind möglich und haben sich infolgedessen im Lauf der Zeit immer stärker ausgeprägt. In der Urkirche waren beide Standpunkte auf beiden Seiten vertreten.

2. Nicht versiegte sie bei den sogenannten Hanîfen, den «Reingläubigen», deren es zu Mohammeds Zeit noch einige gab, die jedoch ohne Einfluss waren, wie die Essäer zur Zeit Christi. Wären alle Juden Essäer, alle Griechen und Römer Pythagoräer und alle Araber Hanîfen gewesen, so wäre weder Christus noch Mohammed gekommen, – ein in sich selber ganz widersprüchlicher und unwirklicher, rein theoretisch aber aufschlussreicher Gedanke.

Achtes Kapitel

Christentum, Islam, Buddhismus

Wir haben gesehen, dass die Religionen die Urwahrheit gemäss verschiedener Gesichtspunkte darstellen; was ein Gesichtspunkt als solcher ist, lässt sich am einfachsten von den Gegebenheiten des sinnlichen Sehens her begreifen: hier legt ein Gesichtspunkt eine bestimmte, stets in sich selber geordnete und notwendige Sicht fest; die Dinge bieten sich in verschiedenen Anblicken dar, je nach dem Standorte des Beschauers, während die grundsätzlichen Gegebenheiten des Sehens immer dieselben bleiben, nämlich Auge, Licht, Farben, Formen, Verhältnisse und Stellungen im Raum. Der Ausgangspunkt der Schau allein ist es, welcher wechselt, nicht aber die Schau als solche, noch die Wirklichkeit ihrer Gegenstände; wenn es sich so und nicht anders in der sichtbaren Welt verhält, dann deshalb, weil die gleichen Beziehungen auf geistiger Ebene vorkommen, oder vielmehr, weil sie auf ihr vorgebildet sind. Dem Auge entspricht dann das Herz als Organ der Offenbarung; die Sonne ist der göttliche Seinsquell, aus welchem das Erkenntnislicht strömt; das Licht ist der erkennende Geist; die Gegenstände sind die göttlichen, kosmischen und geistigen Gegebenheiten. Während aber das sehende Lebewesen gewöhnlich durch nichts verhindert wird, seinen räumlichen Standort zu vertauschen, verhält es sich ganz anders mit dem geistigen Gesichtspunkte, der ja das Einzelwesen als solches stets übersteigt, sodass sich hier der Wille dieses Wesens nur gehorchend verhalten kann.

Um einen geistigen Gesichtspunkt zu verstehen, genügt es keineswegs, in bester Absicht Entsprechungen zwischen äusserlich vergleichbaren Bestandteilen verschiedener Offenbarungskreise festzustellen, denn damit läuft man Gefahr, die Dinge auf eine oberflächliche und einseitige Weise miteinander zu verbinden; auch solche Vergleiche mögen zwar ihre Berechtigung haben, aber nur unter der Bedingung, dass man sie nicht zum Ausgangspunkte mache und vor allem den inneren Aufbau der verschiedenen Religionen berücksichtige. Um einen offenbarungsmässigen Gesichtspunkt zu erfassen, muss man die Einheit, durch welche all seine

Bestandteile einander notwendig zugeordnet sind, erschauen: diese Einheit ist eben die des geistigen Gesichtspunktes selber, welcher der Keim der Offenbarung ist. Selbstverständlich ist die erste Ursache der Offenbarung keineswegs einem Gesichtspunkte vergleichbar, ebensowenig als das Licht etwas mit der räumlichen Stellung des Auges zu tun hat; allein, dasjenige, was eine jede Offenbarung ausmacht, ist eben die Begegnung zwischen einem einzigen unwandelbaren Lichte und einer begrenzten Daseinsebene, die gleichsam eine spiegelnde Fläche darstellt; ohne diese könnte es keine Offenbarung geben. Eine Religion ist wie ein Lebewesen, ist ein Ganzes, das sich nach notwendigen Gesetzen entwickelt; niemals ist sie bloss etwas auf künstlichen Vereinbarungen Aufgebautes; man kann deshalb ihre Bestandteile weder von ihren Voraussetzungen noch von ihrer inneren Einheit trennen. Dennoch wird gerade dieser Irrtum immer wieder begangen, selbst von jenen, die ohne Vorbehalt urteilen, dabei aber an äusseren Ähnlichkeiten Halt machen, ohne zu beachten, dass der Wert oder die Rolle eines Offenbarungselementes – Religionsstifter, heilige Schrift, Dogma oder Kultus – durch den jeweiligen Ausgangspunkt der gesamten Überlieferung bestimmt wird, und dass ein scheinbar gleicher Bestandteil von einer Religion zur andern eine verschiedene Bedeutung haben kann; in einem Wort: der Sinn der Dinge ergibt sich hier nicht bloss aus ihrer Form, sondern vor allem auch aus Zusammenhang und allgemeiner Blickrichtung.

Christentum und Islam stellen einen der denkbar grössten Religionsgegensätze dar, und zwar deshalb, weil die Blickrichtungen äusserst verschieden sind, während gerade deshalb die Gleichheit des Rahmens – der semitische Monotheismus – eine Art unerträglicher Ähnlichkeit bewirkt. Das Verhältnis zwischen Christentum und Buddhismus ist gerade umgekehrt: hier liegt die Verschiedenheit im Rahmen, – man denke an die Kluft zwischen «Gott» und «Nirwâna», – die Ähnlichkeit dagegen im asketisch-mönchischen Gepräge der Blickrichtung; der Christ fühlt sich im Grunde dem «heidnischen» Buddhisten näher als dem monotheistischen Moslemen. Das übliche, gegenseitige Missverständnis zwischen Christentum und Islam zeigt sich bis in fast unbedeutende Kleinigkeiten hinein, wie etwa in der Bezeichnung «Mohammedaner», die nichts anderes als eine irrtümliche Übertragung des Wortes «Christ» darstellt; letztere Bezeichnung gebührt zu Recht den Anhängern eines Glaubens, welcher ganz auf Christus begründet ist und den Gottessohn im

Abendmahl und im mystischen Leib fortsetzt; Entsprechendes gilt jedoch nicht für den Islam, denn dieser fußt nicht unmittelbar auf dem Propheten, sondern auf dem Koran; er ist nicht Fortsetzung Mohammeds, sondern des koranischen Gesetzes; nur in der Esoterik hat der Prophet bisweilen eine christusähnliche Bedeutung.

Vom christlichen Standpunkt aus mag der Nachdruck, welchen der Islam auf die Idee der göttlichen Einheit legt, als etwas Überflüssiges und Dürres erscheinen, als eine Art Pleonasmus im Verhältnis zur biblischen Gotteslehre; man muss jedoch verstehen, dass sich die Ursprünglichkeit und Lebenskraft des Islams niemals aus äusserlichen Entlehnungen erklären liessen und dass die starke geistige Eigenart der moslemischen Theologen und Heiligen nur aus einer eigengesetzlichen Offenbarung herrühren kann. Wenn im Islam die Idee der Einheit die Grundlage aller Geistigkeit ist, und in einem gewissen Sinne auch der gesellschaftlichen Ordnung, so liegt darin eine wirkliche Eigenart, welche die Tragweite eines blossen Gedankens weit überragt und welche sich vom christlichen Einheitsbekenntnis organisch scharf unterscheidet. Im Christentum steht nicht die Einheit im Vordergrund, sondern die Gottsohnschaft, die in der Dreifaltigkeit vorgezeichnete Fleischwerdung und Erlösung, und diese Idee der Erlösung durch Gottes Selbstopfer ist nicht notwendigerweise mit Gottes Einheit verknüpft, sie könnte gerade so gut aus einem sogenannten «Polytheismus» hervorgehen; mag das Christentum die Einheit Gottes auch voraussetzen, diese Idee gestaltet jedenfalls nicht die Eigenart der christlichen Heiligkeit, die vollkommene Teilnahme am mystischen Leib Christi geht nur mittelbar aus der Einheitsidee hervor. Weil für das Christentum Christus alles ist, muss auch die Dreifaltigkeit alles sein: Gott wird Fleisch und erlöst die Welt; die göttliche Ursache steigt in die kosmische Kundgebung, in die Schöpfung hinab, um ein gebrochenes – und metaphysisch gebrochen sein müssendes – Gleichgewicht wiederherzustellen. Die Menschwerdung des Logos ist der wesentliche Ausdruck der Liebe Gottes zur Welt; aus dieser göttlichen Liebe leitet sich das Gebot der Liebe des Menschen zu Gott ab, und diese ergibt ihrerseits die Liebe zum Nächsten, weil Gott auch im Nächsten geliebt sein will. Die Liebestat Gottes, die Menschwerdung, fand aber in der Zeit statt, und so ist die Zeit irgendwie alles geworden: das Christentum ist nach aussenhin ganz auf einem Geschehnis begründet, das die Weltgeschichte in zwei Hälften zerschneidet und in beiden Richtungen bestimmt und zugleich aufsaugt. Im Verhältnis zu dieser Blickrichtung ist der Islam ganz Idee, er stellt sich ausserhalb der Zeit, greift auf den Anfang zurück, ist die sich ausdrücklich vom Geschehnishaften abwendende Urreligion; deshalb darf der Prophet nicht als Geschehnis allzu stark hervorragen, er muss einer unter vielen – wenn auch der Letzte – sein; nur die Wahrheit vom All-Einen ragt im Islam als Einziges und Ewiges hervor.

Die Moslemen, für welche der Koran die Geltung hat, die im Christentum Christus zukommt, nämlich die einer «Herabsendung» *(tanzîl)*, machen manchmal den Christen den Vorwurf, kein einziges, allumfassendes, gleichzeitig lehrmässiges und gesetzgeberisches Buch zu besitzen, das von der heiligen Sprache der Offenbarung getragen sei und dadurch diese Sprache erst recht heilige: die Evangelien und die anderen Schriften des Neuen Testamentes seien weder der hebräischen Thora noch dem arabischen Koran vergleichbar, sie seien nicht in der Sprache geschrieben, die Jesus sprach, sondern in nichtsemitischen Sprachen und dürften in jede andere Sprache übersetzt werden; dieser Vorwurf beruht auf einem ähnlichen Irrtum wie der Einwand der Christen, Mohammed sei ein ganz gewöhnlicher Sterblicher, kein Gott (1) gewesen. Nun ist im Christentum nicht ausschliesslich das Neue Testament – wie im Islam der Koran – Offenbarung, sondern diese liegt ebenso im eucharistischen Mysterium und in der Kirche als mystischer Leib Christi; das Neue Testament ist nicht ausschliesslich und in jedem Satze unmittelbares Gotteswort wie Thora und Koran, sonst könnte der Apostel nicht manchmal «von sich aus» sprechen, allerdings auch dann im Heiligen Geiste, aber ohne dass der Sprechende unmittelbar Gott ist. Der Vollständigkeit halber sei hier hinzugefügt, dass diese Unterscheidung zweier Offenbarungsgrade grundlegend ist und sich überall wiederfindet, im Islam als Koran und *Sunnah* und im Hindutum als *Shruti* und *Smriti;* beides ist heiliges Schrifttum, also «Offenbarung», und ist als solche von der gewöhnlichen «Eingebung» – die ebenfalls vom Heiligen Geiste kommt, aber noch viel mittelbarer – wohl zu unterscheiden.

Der Islam ist ein geistiger und gesellschaftlicher Block (2); die Kirche hingegen ist eine Mitte, und zwar in dem Sinne, dass der Laie irgendwie als Randwesen erscheint, wenn er nicht ein Heiliger ist. Der Moslem ist sein eigener Priester; er ist überall Mitte, aber diese priesterliche Mitte lässt sich durch die Kaaba bestimmen, dem sichtbaren Mittelpunkt der islamischen Welt; beim Sufi ist das Herz die Kaaba, wie das Heiligtum zu Mekka ist es Behälter der göttlichen Gegenwart. Aus dieser Teilhaftigkeit jedes Einzelnen am Priestertum kommt die unerschütterliche Überzeugtheit des Moslemen: er glaubt gewissermassen aus der Mitte heraus, hat in seinem Einheitsglauben etwas wie einen Funken metaphysischer Unfehlbarkeit an sich, wenn man sich so ausdrücken kann; der Glaube des Christen ist anderer Art: er «zieht an» und «saugt auf», eher als dass er «umfasst» und «durchdringt»; er ist also irgendwie mit der Heiligkeit verbunden, – was übrigens auch im Sufitum der Fall ist, – ist also nicht im gewöhnlichen Denken verwurzelt, hat kein vernunftmässiges Gepräge wie im exoterischen Islam.

Nach islamischer Anschauung – und darunter verstehen wir selbstverständlich keine «Meinung», sondern eine «Sehweise» – verkörpert sich der Logos nicht in einem einzelnen Menschen, sondern im Prophetenamte *(risâlah,* «Sendung») und vor allem in den von Gott offenbarten Büchern; da nun die «Sendung» Mohammeds wirklich und nicht trügerisch, und der Koran eine Offenbarung und kein Menschenwerk ist, sehen die Moslemen – die keine anderen Kriterien annehmen – keinerlei Grund, ihrem Propheten einen anderen Religionsstifter vorzuziehen; im Gegenteil, der Umstand, dass Mohammed der letzte Gottgesandte vor dem Weltende ist, – daher der Ehrenname «Siegel der Propheten» *(Khâtam el-anbiyâ),* – verleiht dem arabischen Gottesboten im Islam eine Sonderstellung und macht ihn irgendwie zur Mitte; diese Sonderstellung erlaubt es auch, den kosmisch-göttlichen Logos «mohammedisches Licht» *(Nûr muhammadi)* zu nennen. Andrerseits bringt der Umstand, dass der Islam nur die Offenbarung als solche und nicht deren mögliche Kundgebungsweisen in Betracht zieht, mit sich, dass im Islam den Wundern Christi nicht dieselbe Tragweite beigemessen wird wie im Christentum, oder genau gesagt, dass die Wunderkraft als ein notwendiger Wesenszug aller Gottgesandten gilt; bezeichnenderweise vollzieht sich nach moslemischer Auffassung ein Wunder stets «mit Gottes Erlaubnis» *(bi-idh-ni' Llah),* ein Gedanke, der von vornherein die Göttlichkeit des Gesandten ausschliesst und die Ursache des Wunderbaren in Gott verlegt.

*

Die islamische Ablehnung des christlichen Dreifaltigkeitsdogmas beruht auf einem eigentlich metaphysischen Grunde: für die christliche Theologie bedeutet nämlich der «Heilige Geist» nicht nur eine «metakosmische» Wirklichkeit, sondern auch die unmittelbare Spiegelung oder Weiterschwingung dieser Wirklichkeit im Kosmos; laut theologischer Beschreibung schliesst der Heilige Geist in der Tat – ausserhalb seines göttlichen An-sich-Seins – den aus «Licht» geschaffenen «Mittelpunkt» der gesamten Schöpfung ein, nämlich den überförmlichen, «himmlischen» Kosmos, der gewissermassen ans Göttliche «grenzt» und auch im Menschen als reiner Intellekt – der «Seelengrund» Meister Eckharts – vorhanden ist. Dieser überförmliche, gottnahe Lichtkosmos ist, in hinduistischen Begriffen ausgedrückt, die unmittelbare Spiegelung des göttlichen Schöpfungsstrahles, *Purusha,* im kosmischen Urstoff, *Prakriti:* durch die Berührung dieses «männlichen» Schöpfungsstrahles mit der «weiblichen» *Materia prima* entsteht Gottes Spiegelung, *Buddhi,* nämlich der im Kosmos wirksame, den Menschen erleuchtende und mit Gnade beschenkende Heilige Geist. Wenn nun die christliche Theologie diese Spiegelung Gott gleichsetzt, so hat sie insofern recht, als *Buddhi* – der Allgeist (3) – in einer bestimmten Beziehung Gott nicht nur «widerspiegelt» sondern auch «ist», und zwar in wesenhafter, also «senkrechter» Beziehung, das heisst insofern ein Spiegelbild «wesenhaft» mit seiner Ursache zusammenfällt; wenn dagegen dieselbe Theologie die sieben Erzengel von Gott-Heiligem-Geist unterscheidet und in ihnen nur Geschöpfe erblickt, so hat sie wiederum recht, – obwohl die Erzengel nichts anderes als die sieben Anblicke oder Tätigkeiten des Heiligen Geistes sind, – in dem Sinne nämlich, als dann zwischen dem in der Schöpfung gespiegelten Heiligen Geiste und dem Heiligen Geiste in seinem göttlichen An-sich-Sein unterschieden wird; unfolgerichtig – aber auf dogmatisch-theologischer Ebene unvermeidlich – ist es indessen, aus dem Auge zu verlieren, dass die sieben Erzengel, wie oben erwähnt, Anblicke oder Betätigungsweisen der überförmlichen kosmischen Lichtmitte sind, also des Allgeistes als Paraklet oder Vermittler. Es ist der glaubensmässigen Betrachtungsweise nicht möglich, einerseits den Unterschied zwischen dem «metakosmischen» Heiligen Geiste und dessen kosmischer «Verlängerung» oder «Strahlung», also dem kundgegebenen, im Kosmos wirkenden Allgeiste festzuhalten und andrerseits das Zusammenfallen des Letzteren mit den Erzengeln gelten zu lassen; die glaubensmässige, an bestimmte Grundformeln gebundene Schau ist nicht imstande, zwei verschiedene Gesichtspunkte im selben Dogma nebeneinander aufzunehmen, und deshalb müssen Christentum und Islam auseinanderlaufen: letzterem erscheint die christliche «Vergötterung» des kosmischen Allgeistes, – also der Erzengel – als eine Gott zugefügte «Beigesellung» *(shirk)* von etwas «Erschaffenem», mag dieses auch die überförmliche, engelhafte, parakletische Kundgebung sein. Wenn man von dieser Frage des Heiligen Geistes absieht, so verschlösse sich der Islam keineswegs der Idee eines dreifaltigen Anblicks der göttlichen Einheit; was er ablehnt, ist einzig die Idee Gottes als einer ausschliesslichen und unbedingten, also auf gleicher Ebene wie die Einheit liegenden Dreiheit, denn das bedeutet, islamisch gesehen, soviel wie Gott ein Bedingtsein zuschreiben, oder ihm einen bedingten Anblick bedingungslos beimessen.

Um diese Zusammenhänge vollends zu verstehen, muss man sich immer wieder vor Augen halten, dass das Christentum sein Hauptgewicht auf Christus verlegt, dessen Persönlichkeit der himmlischen Botschaft ihren ganzen Inhalt gibt; oder vielmehr, der Bote selber ist die Botschaft, ja er ist gewissermassen mehr als diese: der grosse Beweis des Christentums ist der Gottmensch, – nicht Gott als solcher, sondern seine Fleischwerdung, welche in dem Sinne auf den Gottesbegriff zurückwirkt, dass die metaphysische Idee der Dreifaltigkeit zur dogmatischen Notwendigkeit wird. Beinahe könnte man sagen, dass der Messias die Wahrheit rechtfertigt und gewährleistet; die Schwierigkeit des Dreifaltigkeitsdogmas verschwindet vor der ungeheuren Strahlkraft des fleischgewordenen Wortes. Ganz anders der Islam: er verlegt das Hauptgewicht auf die Botschaft, hinter welcher der Bote verschwindet: der grosse Beweis des Islams ist die Einheit und Alleinherrlichkeit Gottes; diese als selbstverständlich, allumfassend und allbestimmend empfundene Wahrheit wird *ipso facto* der grosse Beweis des Propheten, und sie wirkt auf ihn zurück, in dem Sinne, dass er irgendwie klein sein muss, dass er nur «Mensch» und «Knecht» sein darf; aber mit ihm wird die ganze Welt klein, nichts ist grösser als er, der im «Innern» *(bâtin)*, in seiner «geheimen Wahrheit» *(sirr, haqîqat)* eins ist mit Gott, kraft des Mysteriums der «Einheit aller Wirklichkeit» *(wahdat El-Wujûd)*.

*

Die christliche Weltschau begründet sich auf den Fall Adams, welcher die messianische Loskaufung notwendig macht; die islamische Schau hingegen betrachtet die Menschheit wie sie ist, in ihrer geschöpflichen, nicht geschichtlichen Unvollkommenheit, – in ihrer

Nichtgöttlichkeit, nicht in ihrer Sündhaftigkeit, – und diese Unvollkommenheit, diese Gottesferne macht die göttliche «Botschaft» *(risâlah)* nötig, folglich die «Boten» *(rusul,* von *rasûl);* diese sind die notwendigerweise vielförmige, wiederholte, gewissermassen rhythmische Kundgebung des Ewigen Wortes, das hier «Buch» *(kitâb)* wird, unerschaffener Koran. Da nun diese Reihenfolge der Gottgesandten einen Anfang hat, muss sie auch einen Abschluss haben: Mohammed, der den prophetischen Zyklus «besiegelt». Man könnte sich auch so ausdrücken: für den Islam konnte Adam nicht sündigen; er war der erste aller Propheten, und diese sind über die Sünde erhaben. Andrerseits war Adam aber Mensch, nicht Gott, und alles Geschöpfliche setzt Grenzen voraus und bringt Begrenzungen mit sich, ansonsten nichts das Geschöpfliche von Gott unterschiede; so war es eine «Fehlhandlung» *(dhanb),* das heisst eine Art Unachtsamkeit oder Verwechslung (4), nicht eine bewusste Übertretung *(ithm, zhulm),* welche den Verlust Edens bewirkte. Dieser Fehler wurde dem ersten Menschenpaare verziehen, wie die Fehler aller Propheten verziehen, dafür aber im Diesseits bestraft werden: David und Salomo mussten im Diesseits leiden, nicht im Jenseits. Nach dieser Betrachtungsweise hat erst Kain die Sünde in die Welt gebracht.

Die christliche Lehre nimmt die Sündlosigkeit der Propheten nicht an, selbstverständlich auch nicht für Adam, ja am wenigsten für ihn, könnte man sagen; da das Christentum jedoch die Propheten nicht ins Feuer verdammen will, und sei es auch nur bis zum Kommen Christi, versetzt es sie in die Vorhölle, die feuerlos oder straflos, aber trotzdem unselig ist; diese «Vorhölle», die «Nicht-Himmel» ist ohne «Hölle» zu sein, entspricht theologisch-mythologisch der islamischen «Fehlhandlung», die «Nicht-Verdienst» ist, ohne «Sünde» zu sein. Das Christentum mit seiner «geschichtlichen» Betrachtungsweise sieht in der Erbsünde, was der Islam in der irdischen Natur als solcher sieht. In einem gewissen bildhaften Sinne liegt die christliche Schau in der «Zeit», die islamische im «Raume».

Wenn der Islam die Sünde Adams leugnet, – nicht im Sinne eines «getanen Irrtums», sondern in demjenigen einer bewussten Übertretung, – und gleichzeitig die Sündhaftigkeit der Propheten überhaupt, so deshalb, weil Gott, dessen Vertreter *(khulafâ,* von *khalîfah)* Adam und die anderen Propheten sind, ohne Makel ist, dabei aber doch die letzte metaphysische Ursache der Unvollkommenheiten im Kosmos sein muss; und umgekehrt: wenn die Bibel die Sünde Adams annimmt, so deshalb, weil Adam die erste menschliche Kundgebung des Übels war, ohne welche es in der Welt keine Sünde gäbe.

Die Offenbarungsmythologien überkreuzen und durchschneiden sich, ohne sich innerlich zu widersprechen; die Missverständnisse rühren von der Unkenntnis der jeweiligen Ausgangspunkte her, oder vom Irrtum, anderen die eigenen Postulate zuzuschreiben. Eine Offenbarungsmythologie ist der allumfassenden Wahrheit, was eine geometrische Figur dem Raume ist: jede Figur kann Sinnbild des Raumes, Mitte und Maßstab sein; jedoch ist keinerlei «Messung» des Raumes ausschliesslich gültig und bedingungslos richtig, ansonsten sie der Raum selber wäre. Die dogmatischen Postulate der verschiedenen Religionen sind wie Merkzeichen im metaphysischen Raum.

*

In diesem Zusammenhang muss auch der tiefgehende Unterschied zwischen der christlichen und der islamischen – oder islamisch-jüdischen – Moral berücksichtigt werden: dieser Unterschied besteht im Grunde darin, dass das Christentum – wie auch der Buddhismus – im Geschlechtlichen ausschliesslich das Fleischliche sieht, während der Islam und die meisten anderen Religionen das Geschlechtliche in seiner Verknüpfung mit dem Kosmischen sehen, ohne jedoch in ihren asketischen Methoden den entgegengesetzten Standpunkt auszuschliessen. Wie dem auch sei, kann die Geschlechtlichkeit in der Tat einen Anblick des «Adels» und einen Anblick der «Unreinheit» haben: das Fleisch ist «unrein» an sich, mit oder ohne Liebe, und diese ist «edel» an sich, im Fleische wie ausserhalb des Fleisches. Dieser «Adel» entspringt dem göttlichen Urbilde, denn «Gott ist Liebe»; ein Moslem würde sagen: «Gott ist Einheit»; da die Liebe ein Modus der Einung ist, kann sie auch unter gewissen geistigen Bedingungen als Teilhaftigkeit am göttlichen Leben gelten. Die Liebe kann das Fleisch heiligen, wie das Fleisch die Liebe entweihen kann; der Islam beruft sich im allgemeinen auf die erste Wahrheit und das Christentum auf die zweite, ausgenommen beim Sakramente der Ehe, wo die christliche Schau wie im Vorübergehen – und zwangsläufig – mit der islamisch-jüdischen zusammenklingt.

Die Frage, die sich bei der Beurteilung des Islams vor allem stellen sollte, ist nicht die, ob er «sittlich gut» sei oder nicht, – denn dazu sind äussere Prüfsteine zu zerbrechlich, – sondern die: entspricht er einer geistigen Möglichkeit? Wenn ja, dann ist er alles, was er sein muss, um diese Möglichkeit kundgeben zu können; und ebenso ist der Prophet alles, was er im Rahmen dieser Möglichkeit zu sein hat. So hat seine Erscheinung nichts ausgesprochen «Gottmenschliches», und zwar deshalb nicht, weil der zureichende Grund der islamischen Geistesform nicht in der Christus- oder *Avatâra*-Idee liegt, sondern geradezu im Gegenpol dieser Idee, das heisst in einer Wahrheit, welche nur metaphysisch, nicht dogmatisch mit der Idee des fleischgewordenen Gottes vereinbar ist; diese den Islam kennzeichnende Wahrheit der göttlichen All-Einheit und Alleinheit schliesst notwendigerweise die Idee der göttlichen Alleinvollkommenheit und folglich diejenige der geschöpflichen Unvollkommenheit in sich; das hat zum Beispiel den Moslemen erlaubt, sich von Anfang an eines an sich menschlichen Mittels, nämlich des Krieges, zu bedienen, während die Christen erst einige Jahrhunderte nach Christus zum selben Mittel greifen konnten; ohne Kriege hätte sich übrigens keine semitisch-abendländische Religion endgültig behaupten können. Es liegt im Wesen des Islams – wie auch des Judentums – sich *a priori* auf politischer Ebene bewegen zu können, – wenigstens nach aussenhin, denn die innere Haltung war bei den Heiligen (den «Gefährten», *Sahâbah*) keine andere als die in der *Bhagavad-Gîta* beschriebene, – während beim Urchristentum eine kriegerische Selbstbehauptung nicht nur geistig widersprüchlich, sondern auch in einer so festgefügten, politisch übermächtigen Umgebung wie das Römische Reich ganz unmöglich gewesen wäre; sowie aber das Christentum mit diesem Reiche eins geworden war, wurde eine politisch-kriegerische Haltung möglich und geradezu unerlässlich, genau wie beim Islam und beim alten Judentum (5). Von jüdisch-islamischer Seite könnte dem Christentum übrigens vorgeworfen werden, dass es die Göttlichkeit des «Dschungelgesetzes» *(la loi de la jungle)* verkennt, – wenigstens theoretisch! – nämlich das Recht des Stärkeren, das uns insofern betrifft, als wir tierische Wesen sind; und das sind wir durch unser leibliches Dasein, also auch durch unsere Vielheit. Da wir aber trotz allem Menschen sind, hat das Tierische an uns – und das Recht des Tierischen – eine Grenze, und so begrenzt das göttliche Gesetz der Vernunft und der Liebe das ebenfalls göttliche, aber auf tieferer Ebene liegende «Gesetz des Dschungels», ohne es jedoch für unser Herdendasein aufzuheben. Die Tierheit hört erst auf, wo der Tod überwunden ist.

*

Das Christentum hat einen dramatischen Wesenszug, der eine Gefahr des Individualismus und folglich der Entgleisung in sich birgt; vom Islam könnte man sagen, er habe dieser Gefahr ausweichen wollen, und zwar durch seinen Willen zum Gleichgewicht; dieser Gleichgewichtsdrang birgt jedoch das entgegengesetzte Risiko, dasjenige der Flachheit in sich, an Stelle der Entgleisung tritt Vergröberung oder Verdickung ein. Solche Gefahren sind bei Religionen schlechthin unvermeidlich, denn durch die Form als solche ist ja schon der Ansatz zu Einseitigkeit gegeben, also die Möglichkeit zu irgend einer Zuspitzung, Abplattung, Verhärtung oder Verwässerung. Wie dem auch sein mag: der Koran will im grossen Ganzen nicht geschichtlich-dramatisch sein; daher sein dürrer, dem Evangelium ganz unähnlicher Ton, die fast wegwerfende Knappheit seiner Erzählungen. Die Dramatik – welche eher lyrischer als epischer Art ist – wird hier auf die Beschreibung von Gottes Herrlichkeit, von Himmel, Hölle, Weltende und Jüngstem Gericht verlegt, auf keinen Fall aber auf die Persönlichkeit des Propheten, der trotz seiner Grösse so klein und alltäglich bleiben muss, dass es nicht unter seiner Würde ist, etwa den Gläubigen zu zeigen, wie man sich die Zähne reinigt.

Das Christentum will eine einzige und unvergleichliche Tatsache lehren; sein Grundstein ist das Wunder. Der Islam seinerseits will nur lehren, was jede Religion wesentlich lehrt; er ist wie das Schema jeder möglichen Religion; sein Grundstein ist die apriorische Gewissheit, die Selbstverständlichkeit. Im Islam, das sagten wir schon, ist die Idee alles; keinem Moslem fiele es ein, die Wahrheit der Idee von deren Heilswert zu trennen; was wahr ist, dient schon dadurch dem Heile. Der Christ denkt gewissermassen umgekehrt: der Heilbringer kann nur die Wahrheit sprechen; es ist beinahe so, als wäre der Heiland vor der Wahrheit da, als schüfe er sie erst; er, der Vermittler, das Wunder der Wunder, die einzige und unvergleichliche geschichtliche und räumliche Tatsache, er ist der Prüfstein des Wahren und Guten: das Wunder – nicht *a priori* die Idee – beweist seine Echtheit, es übernimmt die Rolle der geistigen Selbstverständlichkeit, die beim Islam in der reinen Idee liegt; das Wunder, nicht in erster Linie die Idee, öffnet durch den Glauben das Herz der göttlichen Gnade. Es ist daher nicht erstaunlich, dass im Christentum der Glaube viel unmittelbarer mit dem Wunder verknüpft ist als anderswo; im Christentum kommt – sehr schematisch ausgedrückt – das Wunder vor dem Glauben, im Islam nachher. Das

Wunder hat an sich keine zwingende Beweiskraft, es überwältigt nur unter Voraussetzung anderer überzeugender Gegebenheiten, die es auf seine Weise bestärkt oder krönt; wenn nun von einer rein formalen, die Natur der Dinge übersehenden Logik aus behauptet wird, das Wunder könne von vornherein nichts beweisen, so ist dem zu entgegnen, dass die Rolle des Wunderbaren überlogisch und ontologisch ist: es überzeugt nicht dialektisch, sondern dadurch, dass es die Gnade im Menschen ruckartig auslöst, der Seele also eine Gewissheit verleiht, – gleichviel ob diese geistig oder nur ahnungshaft sei, – die vom Wunder als solchem unabhängig ist. Das Wunder ist – ähnlich wie die reine Erkenntnis, aber von aussenher – ein Stoss, welcher die von der Erbsünde herrührende Verhärtung zu zerbrechen, den Schleier der Herzensblindheit zu zerreissen vermag; auch im alltäglichen Leben ist ja ein Stoss oft eine deutlichere und wirksamere Belehrung als eine lange Rede, eben dadurch, dass er das Denken überspringt und die Wahrheit in unsere lebendige Daseinsmaterie hineinschreibt.

Alle Religionen enthalten entscheidende Wahrheiten, alle haben Vermittler und Wunder, aber die Lagerung dieser Gegebenheiten, das Spiel ihrer wechselseitigen Verhältnisse kann sehr verschieden sein, je nach den Vorbedingungen, welche aus der Offenbarung hervorgehen und auch beim menschlichen Empfänger liegen.

*

Durch seine Form ist das Christentum ein Weg der Liebe, obwohl in ihm wie in jeder Weltreligion auch die Gnosis – die eines Klemens von Alexandria, eines Eckhart und ihrer Nachfolger – notwendigerweise enthalten sein muss, ohne jedoch in den formhaften Vordergrund treten zu können wie etwa im *Vedânta*. Dieser Gnosis steht nun der Islam durch seine Form näher, da seine Grundlage ein metaphysischer Lehrsatz («keine Wirklichkeit ausser der Einen Wirklichkeit») ist; der moslemische Heilige ist in erster Linie ein «Kennender durch Gott» *('ârif bil-Llâh)*; die Liebe *(mahabbah)* erscheint hier als der teils menschliche, teils göttliche Duft der Erkenntnis *(ma'rifah)*.

Man könnte auch sagen: im Christentum ist Gott selbst geschichtliche Tatsache geworden, damit die Tatsache «Mensch» zu Gott zurückkehre. Wenn Gott als Tatsache erscheint, dann ist die Möglichkeit der Liebe viel näherliegend als diejenige der Erkenntnis, denn die Erkenntnis ist ja eben dasjenige, was die Tatsachen übersteigt und durchbricht; deshalb fusst der Islam nicht auf der Tatsache des Propheten, sondern auf der Erkenntnis dass «keine Gottheit ausser dem Einen Gott», und deshalb auch muss der Prophet Mensch *(bashar)* und Knecht *(abd)* sein wie alle Propheten. Jene für das Christentum bezeichnende Vergöttlichung der Tatsache (6) erklärt auch, warum die christliche Mystik selten in der Gnosis verwurzelt ist, warum sie im allgemeinen viel eher – um uns hinduistischer Ausdrücke zu bedienen – einer *bhakti* als einem *jnâna* entspricht.

Was das Christentum dem hinduistisch-buddhistischen Avatârismus nahebringt, das ist der Umstand, dass die Offenbarung eine menschliche Gestalt annimmt oder annehmen kann, während sie anderswo in erster Linie als heilige Schrift, als herabgesandtes Buch erscheint. Im Hindutum, das sich durch die Erfüllung aller formhaften Möglichkeiten des Geistes kennzeichnet, finden wir beides vor, den *Veda* und auch den *Avatâra*, beide als Mitte; und in der Tat: der Logos ist an sich weder ein «Wort» noch ein «Sohn» noch ein «Buch» noch ein «Buddha», sondern er erscheint so oder so, je nach dem Modus seiner irdischen Kundgebung. In einem gewissen Sinne, wie wir schon angedeutet haben, ist das Dreifaltigkeitsdogma ein Erklären Gottes von Christus her: vor Christus kannte der Monotheismus keine Dreifaltigkeit, wenigstens nicht der Form nach. Wie dem auch sein mag, birgt diese Idee als Dogma die Gefahr, dass man Gott in einem verhältnismässigen und die Welt in einem absoluten Lichte sehe, denn da Gott in die Welt gekommen ist, muss diese mit Gott zusammen irgendwie absolut sein, Gott aber muss gerade wegen dieses In-die-Welt-Kommens etwas Verhältnismässiges, endgültig mit Verhältnismässigem Verknüpftes an sich haben; daher die Mühe, einer Lehre des Absoluten wie dem *Vedânta* gerecht zu werden, und die Neigung, die reine Metaphysik Dingen unterzuordnen, die in Raum und Zeit liegen.

Im Hindutum erscheint der Logos als Grundsatz der göttlichen «Selbstspiegelung», wenn man das Wort *mâyâ* so wiedergeben kann. Das Hindutum zeichnet sich – wie schon erwähnt – durch die Fähigkeit aus, alle möglichen geistigen Schaurichtungen, die sich anderswo ausschliessen, ohne Furcht vor Widersprüchen zu vereinbaren; die Tiefe des Hindugeistes spielt mit Widersprüchen wie das Wasser mit den Wellen spielt. Im Hindutum – wie im Christentum und in gewissen Richtungen des Buddhismus – ruft der *Avatâra* nach

Liebe: Râma, Krishna, Sîtâ und Râdhâ werden die strahlenden Ziele der Liebesmystik, während die Gnosis auf dem *Veda* beruht.

*

Im Islam stellen sich die geistigen Grundmöglichkeiten wie übereinandergeschichtete Ebenen dar, während es im Christentum eigentlich nur eine einzige geistige Möglichkeit gibt, – von ihren Abwandlungen abgesehen, – an welcher jeder Christ auf eine mehr oder minder mittelbare oder unmittelbare Weise teilhat. Ein Moslem kann entweder ein Exoteriker oder ein Esoteriker sein, und im letzteren Falle ein Heiliger; ein Christ dagegen kann nur ein Weltkind oder ein Heiliger sein, welches auch die Tragweite – je nach den Fällen – dieser letzten Bezeichnung sein möge. Im Islam gibt es sozusagen keine Heiligkeit ausserhalb der Esoterik; im Christentum hingegen gibt es keine Esoterik ausserhalb der Heiligkeit (7), denn hier hat sich – wenn man so sagen kann – die Esoterik bis in die allgemeinsten Formen vorgeschoben; daher der Mysteriencharakter der Dogmen und Sakramente, während im Islam nur das Sufitum Mysterien und Weihen kennt. Um dies recht zu verstehen, muss man sich vergegenwärtigen, dass die vom Christentum durchbrochene – oder vielmehr auf esoterischer Ebene «erfüllte» – Exoterik das mosaische Gesetz ist; wie jede eigentliche Exoterik – und folglich wie die islamische *Sharî'ah* – eröffnet das Gesetz des «Alten Bundes» einen Heilsweg, der auf der aufrichtigen, vom Glauben her bestimmten Befolgung bestimmter äusserlicher Vorschriften beruht, was beim Christentum nicht zutrifft, denn dieses ersetzt – wie jede Esoterik – das «äussere» Gesetz oder den «Buchstaben» durch eine innere, eigenwertliche Haltung. Das Christentum ist eine auf Grund einer besonderen Barmherzigkeit und Vorsehung – und anhand der dogmatischen Einkleidung – exoterisch gewordene Esoterik; die in der Liebe verwurzelte Heiligkeit führt diese *de-facto*-Exoterik zur ursprünglichen *de-iure*-Esoterik zurück, zur mystischen Liebe, welche die Äusserlichkeit des jüdischen Gesetzes wie einen gordischen Knoten durchschneidet; das bedeutet, dass die christliche Religion nichts anderes als eine kristallisierte Liebesmystik ist, also eine ihrerseits zum Gesetz gewordene *bhakti*. Vom Standpunkt der Gnosis aus können wir hinzufügen, dass das Christentum – ob dogmatisch-exoterisch oder mystisch-esoterisch – noch einen weiteren Modus der Esoterik besitzt, nämlich eben die Gnosis; in diesem Falle verdient nicht nur die liebesmässige Heiligkeit, sondern auch *a fortiori* die metaphysische Weisheit «christliche Esoterik» genannt zu werden. Die dieser Lehre entsprechende «gnostische» Heiligkeit übersteigt in einer gewissen Beziehung – als «Wissen» und «Erkenntnis» – den «Glauben» und die «Liebe», stellt aber in einer anderen Beziehung – nämlich insofern als Glaube und Liebe ganz umfassende Grundbegriffe sind – sozusagen deren «göttliche» Erfüllung dar (8).

Der Islam erscheint dem menschlichen Chaos gegenüber als ein Gleichgewicht, das allen menschlichen Möglichkeiten Rechnung trägt und dabei einen mystischen Weg zur Überwindung des Menschlichen bietet, während das Christentum wie gesagt schon an sich Mystik ist und im Grunde nur geistige, asketisch-mystische Gesetze oder Ratschläge kennt; diesen Zug – den der Islam auf exoterischer Ebene als «wirklichkeitsfremd» beanstandet – hält das Christentum für eine unbedingte Überlegenheit, mit dem gleichen Recht oder Unrecht, je nach dem Standpunkt. Für den Islam ist der Mensch von der Sünde verschieden, es genügt, dass er sie unterlasse; im Christentum hingegen, das ganz auf die Theosis, die Deificatio oder Vergottung eingestellt ist, erscheint der Mensch zwangsläufig als Sünder, er muss sich also in seiner Wurzel erneuern. Diese auf die Vergottung eingestellte Haltung besitzt der Islam in seiner Esoterik, im Sufitum: das Dasein selbst wird dann als eine Art «Fehler» betrachtet, ja als ein Fehler, welchem «kein anderer vergleichbar ist»: der Mensch, sei er «gut» oder «böse», ist ein «falscher Gott», *(sharîk,* «Beigesellter»), und dieser muss, gemäss der Urformel des Islams, in der «Einheit der Wirklichkeit» *(wahdat el-Wujûd)* erlöschen *(fanâ),* muss, von seiner Falschheit *(shirk,* «Beigesellung») befreit, in der göttlichen Wahrheit *(haqîqah)* zum «ewigen Bestand» *(baqâ')* erwachen. Was im Christentum «Gottwerdung» ist, – als Gegenbewegung zu «Gottes Menschwerdung», – das ist im Islam «Einung» *(tawhîd)* als ausgleichende Wirkung der die göttliche Einheit vermittelnden «Trennung» *(furqân)* von wahr und falsch, gut und böse, aber auch von Gott und Wort; anstelle der «Gottwerdung des Fleisches» dank der «Fleischwerdung Gottes» – wenn wir uns hier so ausdrücken können – will der Islam die «Einswerdung des Vielheitlichen» dank der «Vielwerdung des Einheitlichen» (die koranische Offenbarung); man könnte auch sagen: die «Einswerdung des Getrennten» (ich und Er) dank der «Selbsttrennung des Einen» (Gott und Gotteswort, der Koran) und in dieser Ausdrucksweise tritt der tiefe Zusammenhang zwischen Islam und Christentum besonders klar zutage.

*

Am deutlichsten tritt der Unterschied zwischen Christentum und Islam zutage, wenn man die Frage stellt: was ist Gott und was ist der Mensch? Darauf antwortet das Christentum, dass Christus Gott ist, und das bedeutet, dass Gott Mensch geworden ist, auf dass der Mensch «Gott werde»; aber dass Gott Mensch werden musste, bedeutet gleichzeitig, dass der Mensch gefallen war, denn der zureichende Grund von Gottes Niederstieg ist eben, dass der Mensch «unten» ist; Gott wird Fleisch, weil der Mensch Fleisch ist, und dieses ist beim gefallenen Menschen Sündenfall, Leidenschaft und Elend. Das Christentum nimmt seinen Ausgangspunkt in der willenshaften Natur des Menschen; es stützt sich als Methode nicht *a priori* auf des Menschen unveränderliche Gottähnlichkeit, sondern auf die «Tatsache» des Sündenfalls; von dieser Basis aus eröffnet es jedoch einen Weg zur Gnosis, was schon aus der überwältigend deutlichen Entsprechung zwischen Christus und dem Intellekt und ebenso aus der Idee der Theosis, der Deificatio oder «Vergottung» hervorgeht.

Auf die Frage, was Gott ist, antwortet der Islam, dass es «keine Gottheit gibt ausser der Einen Gottheit»: Gott ist das Absolute, und es gibt nur ein Absolutes; diese Einheit oder Einzigkeit – und dieses Von-selbst-Erhellen des Absoluten – vereinheitlicht, verwandelt und befreit den Menschen. Das bedeutet aber, dass der Islam seinen Ausgangspunkt nicht in unserer gefallenen und leidenschaftlichen Natur nimmt, sondern in einer tieferen Schicht unseres Wesens, in unserer unverderblichen Gottähnlichkeit, also in demjenigen, was uns von den Tieren unterscheidet: im erkennenden Geiste; und der Inhalt dieses Geistes, für welchen dieser geschaffen wurde, ist eben das Eine, Absolute, Unendliche; was den Menschen erlöst, ist eine zu Leben und Sein gewordene Bewusstheit, ist das Sich-des-Absoluten-bewusst-Sein.

*

Das Christentum steht dem Buddhismus in mancher Beziehung näher als dem Islam, so sonderbar das klingen mag; beinahe könnte man es einen «jüdischen Buddhismus» nennen, und den Buddhismus ein «indisches Christentum»; und dabei steht der Buddhismus den monotheistischen Religionen so fern, dass man ihn gemeinhin als «atheistische Religion» bezeichnet, – ein Widersinn, der sich durch die Voraussetzungen des semitischen Monotheismus erklären lässt. In Wirklichkeit nimmt die Buddhalehre zum anthropomorphen Gottesbegriff keine Stellung, sondern sie übergeht ihn mit Schweigen, weil sie dasjenige, was wir «Gott» nennen, in einer ganz anderen Beziehung sieht als wir: Gott ist hier gleich der «Verwirklichung» des Göttlichen, und da Gott nicht auf der Ebene dessen, was für uns «Fülle» und «Dasein» ist, «verwirklicht» werden kann, ist er «Leerheit» *(Shunyâ)* oder «Erlöschen» *(Nirwâna).* «Gott» erscheint nie als anthropomorpher «Schöpfer» und «Herr», sondern ist entweder «Nichtsein» oder «Buddha»: der Buddha ist menschgewordenes Nichtsein, Übersein, denn das *Nirwâna* ist Mensch geworden, auf dass der Mensch *Nirwâna* werde (9); deshalb erscheint auch Buddha – wie Christus – mit übermenschlichen Zügen, ist nicht «blosser Mensch» wie Mohammed, der innerhalb des islamischen Weltbildes ja Mensch sein musste, weil dieses Weltbild es so forderte (10), dabei aber – nach einem arabischen Spruche – «nicht wie die (anderen) Menschen, sondern wie ein Edelstein unter Steinen» war.

Christus und Buddha traten nicht als Gesetzgeber und Krieger auf, sie lebten nicht in der Ehe, waren vom Fleische der Menschheit wie losgeschnitten, äusserlich wenigstens, denn in der Tat fasste ihr Fleisch die ganze Menschheit in sich; ihr Reich ist «nicht von dieser Welt». Ihre Lehre, obwohl sie irgendwie alle Möglichkeiten des Geistes in sich fassen musste, war *a priori* auf die Entsagung aufgebaut; sie betrachteten das Irdische vor allem in seiner allgemeinen geschöpflichen Begrenztheit und Nichtgöttlichkeit; daher die Wichtigkeit der Weltflucht (11), der Keuschheit und Einsamkeit des Mönchs- und Einsiedlertums.

Christentum und Buddhismus sind je aus einer älteren Religion hervorgegangen, die irgendwie als überholt betrachtet werden musste und nunmehr als häretisch zu gelten hatte, was der Form nach zwangsläufig richtig ist; für das Christentum wie für den Buddhismus ist die vorhergehende Religion sinnbildlicherweise «toter Buchstabe»; das mosaische Gesetz wird verlassen wie der *Veda* und die Kastenordnung. Das kommt daher, dass die beiden neuen Religionen nicht nur ausschliesslich den mystischen Gehalt der jeweiligen Mutterreligion darstellen, sondern auch zum Ziele haben, diesen

Gehalt neuen Teilen der Menschheit zugänglich zu machen; deshalb muss der Gehalt von den einengenden Formen gelöst werden, die nur im Ursprungslande Sinn haben: die Wahrheit des Einen Gottes und der Messias muss aus der Hülle des mosaischen Gesetzes gezogen werden; die Wahrheit der Befreiung vom Leiden durch das Erlöschen aller Leidenschaft muss die Hülle des brahmanischen Gesetzes verlassen, um fremden, schon in Halbschlaf versunkenen Völkern neues geistiges Leben einflössen zu können. Judentum und Hinduismus zielen auf Gleichgewicht, und innerhalb dieses Gleichgewichtes sind die Wege der Heiligkeit mit ihren unvermeidlichen Gleichgewichtsbrüchen verborgen; Christentum und Buddhismus hingegen zielen zuallererst auf Heiligkeit, sie kümmern sich um kein Gleichgewicht auf irdischer Ebene, da ihr Reich «nicht von dieser Welt» ist; ihr äusseres Gleichgewicht entnehmen sie den schon bestehenden Kulturen, der römisch-griechischen, der hinduistischen oder der ostasiatischen.

Weder Christus noch der Buddha ist spurlos an der jeweiligen Mutterreligion vorübergegangen; der Einschnitt ist in beiden Fällen recht tief, hebt aber niemals die organischen Zusammenhänge innerhalb der Mutterreligion auf, denn diese bleibt, was sie ist, ansonsten sie aufhörte, zu sein. Die Diaspora ist nicht die Zeit des Reiches Juda, ist aber Judentum wie dieses; der Hinduismus im engeren Sinne ist äusserlich nicht ganz der vorbuddhistische Brahmanismus, ist aber, wie dieser, rechtmässiger Träger des vedischen Gesetzes und Geistes und daher ungebrochenes Brahmanentum. Dem müssen wir noch hinzufügen, dass, wenn das Alte Testament auf Christus hinweist und Christus gekommen ist, «das Gesetz zu erfüllen», Buddha seinerseits im Hindutum als neunter *Avatâra* des *Vishnu* vorgesehen ist und von den Brahmanen als dieser betrachtet wird.

Aber die wesentliche Ähnlichkeit zwischen den beiden Religionen ist wohl, dass bei beiden die Esoterik im Vordergrund steht, dass sie im Grunde nichts anderes darstellen als unabhängige, «formschöpfende» Esoterik, die jedoch durch ihre Verbreitung zur Religion wird und daher nach aussenhin als Exoterik auftritt, ohne dabei ihren inneren Gehalt, der ja immer erreichbar bleibt, einbüssen zu müssen. Deshalb aber, weil das Christentum ursprünglich Esoterik ist, übersteigen seine Dogmen die durchschnittliche Vernunft und stellen sich notwendigerweise als «Mysterien» dar; der Buddhismus konnte der Gefahr, die dieses exoterische Mysterientum birgt, dadurch ausweichen, dass er sich von vornherein in eine vernunftmässige Form einkleidete; daher der falsche Vorwurf, er sei blosse Philosophie, – ein Vorwurf, der in gewisser Hinsicht auch den Islam treffen könnte.

*

Ein weiterer Berührungspunkt, den wir hier erwähnen wollen, ist der Umstand, dass weder das Christentum noch der Buddhismus eine heilige Sprache besitzt, das heisst eine Sprache, die das unersetzliche und an sich segentragende Gewand des Offenbarungswortes ist, wie das Sanskrit, das Hebräische, das Arabische, das Chinesische für die betreffenden Geisteswelten. Dieser Umstand, dass die beiden hier zu vergleichenden Religionen keine heilige Sprache festgelegt haben, bedeutet keineswegs einen Mangel, sondern beweist lediglich, dass sie einer solchen Sprache nicht bedürfen, und zwar deshalb nicht, weil sie diesen Bestandteil der Überlieferung durch ein andersgeartetes Gnadenmittel ersetzen (12). In den christlichen wie in den buddhistischen Schriften kommt es nur auf den Wortsinn, – der gleichzeitig buchstäblich, metaphysisch und mystisch ist, – nicht auf den Wortkörper an; dieser wird im Christentum durch das Abendmahl ersetzt, in welchem das Gotteswort ja Fleisch und Blut wird, und im Buddhismus durch das sakramentale Bild des Buddha; dieses Bild, so lehrt die Überlieferung, stammt vom Schatten des Erhabenen her (13) und wurde von diesem als ein «Andenken» (14) hinterlassen, also als Gnadenmittel; es heisst auch, die leibliche Erscheinung des Buddha sei eine Belehrung wie die Lehre selbst (15), und dies erklärt die hohe Bedeutung des offenbarten Buddhabildes; die Versenkung in dieses Bild ist in der Tat – wie das christliche Abendmahl, aber nicht auf so wesentliche Weise – ein In-sich-Aufnehmen des heiligen Leibes, welcher die fleischgewordene Gottheit trug (16).

Die Gnadengaben des Buddha sind: die Lehre der Erlösung; die Gemeinde; das sichtbare Sinnbild des Erhabenen; sein immer gegenwärtiger und fortwirkender Segen; sein erlösender Name. Einer der beachtenswertesten Berührungspunkte zwischen Buddhismus und Christentum ist wohl die Lehre vom barmherzigen und erlösenden Namen des fleischgewordenen Logos (17), die sich auch im indischen Avatârismus wiederfindet und als Lehre des beschützenden, reinigenden und befreienden Gottesnamens überhaupt in allen Weltreligionen enthalten ist.

*

Alles ist eine Frage des Standpunktes und des Anblicks. Wir können keine offenbarte Idee beurteilen, ohne zu verstehen, von welchem geistigen Standpunkt sie ausgeht und welchen Anblick der Wirklichkeit sie ins Auge fasst. Dogmen und heilige Lehren – denn nur um solche handelt es sich – stellen immer einen möglichen Standpunkt des Geistes dar und drücken einen wirklichen Anblick Gottes, der Welt, des Menschen aus, um von diesem Standpunkt und diesem Anblick aus das Ganze und Letzte zu erfassen; dabei darf nicht vergessen werden, dass ein Standpunkt je nach Bedürfnis oder Vermögen mehr oder weniger der Mitte entsprechen kann, dass ein Anblick mehr oder weniger dem Gehalt der Dinge gerecht werden mag. Nur so kann die Verschiedenheit der Offenbarungsformen verstanden werden, und innerhalb dieser, die Verschiedenheit von Glaubensmythos und Metaphysik, von exoterischer und esoterischer Schau (18).

Dogmen sind Gefäße, die Wahrheit ist Wein. Ohne Gefäße ginge der Wein verloren, aber die Gefäße mögen verschieden sein; sie müssen es sogar, denn welches Gefäß könnte für alle Menschen genügen, und wer vermöchte zu verhindern, dass es vielerlei Krüge, Schläuche und Becher gibt? Doch welchergestalt die von Gott gegebenen Behälter auch sein mögen, überall fliesst der Wein der Erkenntnis und der Liebe.

Im Lichte der Gnosis gesehen bürgt der göttliche Wein für den irdischen Behälter, aber von aussenher betrachtet bürgt der gottgeschenkte Behälter für den zunächst noch unsichtbaren Wein.

Anmerkungen

1. Der Einwand, Mohammed sei kein Heiliger gewesen, beruht nicht nur auf einer zu einseitigen Kriteriologie der Heiligkeit, sondern auch auf falschen geschichtlichen und psychologischen Anhaltspunkten. Vielleicht könnte es hier genügen, darauf aufmerksam zu machen, dass die islamische Geistigkeit manches, was äusserlich zum «Weltlichen» gehört, auf Grund einer bestehenden Sinnbildlichkeit ins geistige Leben einbezieht und dadurch umwertet, und gleichzeitig durch die Dinge hindurchgeht zu den ewigen Gehalten; solche Züge finden sich übrigens auch bei christlichen Heiligen, – bei Königen und Kriegern, – die Unterscheidung hat also nichts Ausschliessliches.

2. Ein Block, Bild der Einheit. Die Einheit ist einfach und folglich unteilbar. Laut einer Bemerkung eines hohen britischen Beamten in Ägypten «ist der Islam keiner Reform zugänglich; ein durch Reform neugestalteter Islam wäre nicht mehr der Islam, sondern etwas anderes».

3. Diesen Allgeist nennt das Sufitum *Rûh* oder *Aql;* er kommt dem *Metatron* der Kabbala gleich. In ihm müssen mehrere Wirkungsweisen unterschieden werden, und das sind in der islamischen Lehre die vier höchsten Engel, nämlich *Jibrâ'îl, Mikâ'îl, Isrâfîl,* und *Izrâ'îl,* die über allen Engelchören stehen. In der jüdisch-christlichen Überlieferung entsprechen ihnen Michael, Gabriel, Raphael, Sealtiel, Jehudiel, Barachiel und Uriel; im Hinduismus die *Devas* und deren *Shaktis: Brahmâ, Vishnu, Shiva, Saraswatî, Lakshmî, Pârvatî.* Die zahlenmässigen Unterschiede haben rein sinnbildliche Bedeutung, da ja jene Wirklichkeiten jenseits von Zahl, Form, Zeit und Raum liegen. *Er-Rûh* ist von der Welt aus gesehen göttlich, von Gott aus gesehen aber geschöpflich; deshalb betrachtet ihn der Islam als das eigentliche Mysterium des Kosmos, über welches nur mit Vorsicht und Furcht geredet werden darf; diese geheimnisvolle «Göttlichkeit» des All- oder Urgeistes wird im Koran unter anderem auch dadurch ausgedrückt, dass *Er-Rûh* so gross ist wie alle anderen Engel zusammengenommen, und dass er sich nicht wie die anderen Engel vor Adam, dem Ebenbilde Gottes, niederwerfen musste. *Er-Rûh* ist dasselbe wie der «Geist Gottes», der «über den Wassern schwebte», oder das «Goldene Weltei» *(Hiranyagarbha)* der Hindus.

4. An sich bezeichnet dieses arabische Wort die «Fehlhandlung» insofern sie «Auswuchs» ist, und das erklärt, dass das Dasein (die «Existenz», von *ex-sistere, ex-stare*) einem Ausspruch des Propheten zufolge «eine Verfehlung *(dhanb)* ist, der keine andere verglichen werden kann.» Eine Begierde – und Adams Fall war nach islamischer Anschauung Begierde – ist ein «Auswuchs» in der Seele, also schon etwas Widergöttliches, aber noch keine «Sünde»; hingegen ist jede Sünde *a fortiori* auch ein «Auswuchs», und deshalb bezeichnet das Wort *dhanb* oft jegliche Sünde.

5. Ein besonderer Stein des Anstosses ist für die Christen die moslemische Vielweiberei; der bibelgläubige Abendländer vergisst leicht, dass die alttestamentliche Offenbarung den Juden die Vielweiberei erlaubt, und wenn er daran denkt, dann behauptet er, die alten Hebräer seien unvollkommenere Menschen

129

gewesen als die christlichen Europäer; dieser Einwand kann zwar wegen des starr exoterischen Charakters des mosaischen Gesetzes einen gewissen sehr mittelbaren Sinn haben, ist aber im Hinblick auf die Vielweiberei nicht ernst zu nehmen. In Wirklichkeit hat diese Sitte neben klimatischen auch wirtschaftliche und politische Gründe und wird überdies vom Morgenländer – gemäss seiner geistigen Blickrichtung – seelisch anders erlebt als vom Abendländer. Bei der hohen Kindersterblichkeit im Morgenlande war die Vielweiberei geradezu unerlässlich; ausserdem schuf jede Ehe einen neuen Sippenbund und trug dadurch unter den gegebenen Verhältnissen zum Frieden bei. – Von der Sklaverei ist in diesem Zusammenhang zu sagen, dass der Islam sie deshalb beibehalten hat, weil ihre Abschaffung die Tötung aller Feinde im Kriege zur Folge gehabt hätte; dafür ist der Sklave durch das Gesetz weitgehend geschützt, er gehört mehr oder weniger zur Familie; seine Stellung ist jedenfalls unvergleichlich besser – schon wegen des Fehlens von Rassenvorurteilen – als sie etwa im christlichen Amerika gewesen ist. Unter den heutigen Verhältnissen hat allerdings keine jener alten Sitten noch eine gesellschaftliche oder politische Begründung, und sie sind auch an sich nichts weniger als Gebote: die meisten Moslemen leben in der Einehe, und von der Sklaverei sagte Mohammed, dass wenige Dinge Gott so angenehm seien wie die Befreiung von Sklaven. Viele Härten der alten Kulturen erklären sich durch die Abwehr gegen Übel, welche dem heutigen Durchschnittsmenschen nicht bewusst sind, weil er sich in die Gegebenheiten und Möglichkeiten jener Welten gar nicht hineindenken kann.

6. In der Ostkirche ist die Christusgestalt dem kosmischen Logos irgendwie näher geblieben: «Dieser bedeutungsvolle Wesenszug muss hervorgehoben werden: das fast völlige Stillschweigen über den geschichtlichen Jesus in den Homilien der geistigen Meister von Byzanz, und die allegorische Auffassung aller Worte Christi in der alexandrinischen Überlieferung ... Die Passion selber ist für die Griechen niemals diejenige des Menschen Jesus ... Sie gehört zur Hypostase des Sohnes, in welchem sich kraft des *privilegium unitatis* die Göttlichkeit und Menschlichkeit ganz wiederfinden ... Bei den Griechen, deren Ikonenkunst Gegenstand eines Kultus oder vielmehr einer Verehrung ist – die Proskynesis – tritt eine gewollte Idealheit zutage: das Leiden ist hier immer verklärt ...» (Mme Lot-Borodine: *La doctrine de la déification dans l'Eglise grecque,* in *Revue de l'Histoire des Religions.*)

7. Diese Ausdrucksweisen haben nichts Absolutes und sollen nur dazu dienen, gewisse wesentliche Unterschiede zwischen Christentum und Islam hervorzuheben.

8. Die echte Theosophie ist der Theologie, was die Gnosis dem Glauben ist; indessen, der Glaube – in des Wortes weitester und tiefster Bedeutung – schliesst notwendigerweise die Gnosis in sich, und dasselbe gilt vom Verhältnis zwischen Theologie und Theosophie. Das Wort «Gnosis» ist neutestamentlich und nicht bloss alexandrinisch, zeugt also nicht an sich von neuplatonischen Einflüssen.

9. Wenn das *Nirwâna* ein «Nichts» ist, dann ist auch das Paradies ein «Nichts», nämlich im Verhältnis zur falschen Fülle der «Welt»; und diese ist ihrerseits ein

«Nichts» im Verhältnis zum Paradies. Um die unsinnigen Sophistereien zu widerlegen, zu welchen der Begriff des *Nirwâna* im Abendlande Anlass gegeben hat, genügt es, folgende drei Fragen zu beantworten: erstens, wirkt die Welt Leiden oder nicht? Zweitens, ist die ewige Seligkeit frei von Leiden oder nicht? Drittens, setzt diese Seligkeit das Erlöschen der leidenschaftlichen Natur voraus oder nicht? Wenn ja, dann ist die buddhistische These unwiderlegbar.

10. «Wer mich gesehen hat», konnte Mohammed sagen, «der hat Gott gesehen.» Bei Mohammed ist die Verbindung der beiden Naturen wie verschleiert, weil der Prophet nur als Mensch, nicht als Gott der ihm anvertrauten Menschheit Vorbild sein kann; das Göttliche darf hier nicht als solches ins Menschliche hineinspielen, alles muss «an seinem Platze» bleiben; nur die Esoterik darf die formhaften Gegebenheiten kühn durchschneiden. Eine Art Zusammenfassung von Christus und Mohammed – oder von Buddha und Moses – stellen die kriegführenden indischen *Avatâras* dar, so Shrî Râma und Shrî Krishna, die sich als Gottheit kundgaben, gleichzeitig aber auch als mitten im Leben stehende, anscheinend auf weltlicher Ebene tätige Menschen.

11. Viele Leute meinen, mit dem Worte «Weltflucht» sei ein Tadel ausgesprochen, der Tadel liege schon im Worte. Dem ist aber nicht so: denn es ist etwas im Weltlichen, vor dem man ruhig fliehen kann, genau so wie vor einem reissenden Löwen; auch wenn man äusserlich nicht flieht, muss man doch innerlich fliehen. In früheren Zeiten bestand oft keinerlei Grund, nicht auch äusserlich vor dem Übel der Welt die Flucht zu ergreifen, denn in der gesamten Kultur standen schon die Türen offen zu dieser Flucht zu Gott.

12. Jede der hier verglichenen Religionen bedient sich mehrerer liturgischer Sprachen, die jedoch nicht das «Fleisch» des offenbarten Wortes ausmachen. Es muss hier bemerkt werden, dass sich die modernen europäischen Sprachen für den liturgischen Gebrauch nicht eignen.

13. Das *Chitralakshana* – der indo-tibetanische Kanon der Malerei – schreibt den Ursprung der Malerei dem Buddha selber zu; im Christentum geht die Ikonenmalerei auf Lukas und die Engel zurück. Die buddhistische Überlieferung weiss auch von einer Statue des Erhabenen aus Sandelholz, welche der König Prasenajit von Shrâvastî – oder auch der König Udayana von Kaushâmbî – zu Lebzeiten des Buddha habe verfertigen lassen. Davon könnten die geistlosen Gandharafiguren oberflächliche Nachbildungen in Stein gewesen sein; auf alle Fälle schliesst schon die unerhörte Strenge, Tiefe und Ausdruckskraft der heiligen Kunst des Buddhismus die Vermutung aus, diese Kunst sei griechischen Ursprungs.

14. Man erinnere sich hier an das Christuswort: «Gehet hin und tut dies in meinem Andenken.» Im Sufitum wird die «eucharistische» Anrufung eines Gottesnamens «Erinnerung» *(dhikr,* auch «Erwähnung») genannt; auch im Buddhismus heisst die entsprechende Anrufung «sich an den Buddha erinnern» *(Buddhânusmriti).* – «Im gegenwärtigen Zeitalter, das zum vierten Halbjahrtausend nach

Buddha gehört, bleibt uns folgendes zu tun übrig: unsere Sünden bereuen, die Tugenden pflegen und den Namen Buddhas aussprechen. Heisst es nicht, dass das Denken an den Buddha Amitâbha und das Aussprechen seines Namens uns von allen in allen Lebensläufen ... begangenen Sünden reinigt? – Der Gläubige soll ohne Unterbrechung den Namen Buddhas mit einem einzigen Gedenken aussprechen, sodass in seinem Geiste für nichts anderes mehr Platz sei; dann ist er sicher, in der Gegenwart Buddhas wiedergeboren zu werden.» (Tao-Ch'o, chinesischer Meister.) – «Deshalb, weil die mit Sinnen begabten Wesen auf ihrem Wege viele Hindernisse haben, und weil die Welt, in der sie leben, voll feingesponnener Verführungen ist ... hat Buddha Mitleid und empfiehlt ihnen, sich auf die Anrufung seines Namens anzusammeln, denn wenn sie ohne Unterbrechung geübt wird, kann der Gläubige sicher sein, in der Reinen Erde Amidas wiedergeboren zu werden.» (Shan-Tao, chinesischer Meister.) – «Es gibt nur den Namen Buddhas, und ausser ihm gibt es weder den, welcher ihn ausspricht, noch den, zu welchem er gesprochen wird. Es gibt nur den Namen Buddhas, ausserhalb dessen es keine Wiedergeburt gibt. Alle daseienden Dinge sind Tugenden, welche im Leibe des Namens Buddha inbegriffen sind. Es ist besser, vom Namen besessen zu werden, als den Namen zu besitzen. Alle Dinge kommen aus einem gleichen Urgeiste, aber dieser Urgeist tut sich nicht als solcher kund. Das Auge kann sich selber nicht sehen ... haltet jedoch einen Spiegel davor, und es kann sich selber erblicken; so ist die Wirkungsmacht des Spiegels. Und der Spiegel ist eben derjenige, den jeder von uns besitzt, und welcher der Grosse Spiegel der Erleuchtung genannt wird: es ist der schon von allen Buddhas verwirklichte Name.» (Jppen, japanischer Meister. Siehe: *Essais sur le Bouddhisme Zen* von Daisetz Teitaro Suzuki; auch: *Die grosse Befreiung,* vom selben Verfasser.) – «Wir kennen den Namen Amidas durch die Predigten des Shâkya-Muni und wir wissen, dass in diesem Namen die Kraft von Amidas Wunsch, alle Geschöpfe zu erlösen, eingeschlossen ist. Diesen Namen hören, ist die Stimme des Heils hören, welche spricht: Habt Vertrauen zu Mir und Ich werde euch gewiss erlösen, – ein Wort, das Amida unmittelbar an uns richtet; und dieser Sinn ist im Namen Amida selber enthalten. Während all unsere anderen Handlungen mehr oder weniger befleckt sind, ist die Wiederholung des *Namu-Amida-Bu* (japanische Anrufung Buddhas) eine jeglicher Unreinheit ledige Tat, denn nicht wir sind es, die ihn aussprechen, sondern Amida selber ist's, der uns seinen Namen gibt und dadurch aussprechen lässt.» (Siehe: *Les Sectes bouddhiques japonaises* von E. Steinilber-Oberlin und Kuni Matsuo.) – Ähnlich sagt der *Vishnu-Dharma-Uttara:* «Die Anrufung seines Namens *(Vishnu),* oh Maitreya, ist für die Sünden wie das Feuer für die Metalle.» – Und der *Mânava-Dharma-Shâstra:* «Es besteht kein Zweifel, dass ein Brahmane die Seligkeit durch die blosse Anrufung erlangen kann.» Im Sufitum stützt sich die Anrufung des Gottesnamens nicht nur auf gewisse Koranstellen, sondern auch auf Aussprüche des Propheten, wie dieser: «Es gibt für jedes Ding ein Mittel, es zu reinigen, etwa den Rost zu entfernen; was aber das Herz reinigt, das ist die Anrufung Allahs, und es gibt keine Tat, die so sehr von Gottes Strafe entfernt wie diese.» – Erwähnen wir hier noch folgenden Ausspruch des Propheten Joel: «Die Sonne wird sich in Finsternis verwandeln und der Mond in Blut, bevor der grosse und furchtbare Tag des Herrn hereinbricht; wer aber den Namen des Herrn anruft, wird erlöst werden.»

15. Alle Buddhas, heisst es, erlösen auf vier Weisen: erstens durch die mündliche Belehrung, so wie sie in den zwölf Arten buddhistischer Schriften bezeugt wird; zweitens durch die übernatürliche Schönheit ihrer leiblichen Erscheinung; drittens durch ihre Wundermacht, ihre Tugenden und ihre Verwandlungen; viertens durch ihre Namen, welche, wenn sie angerufen werden, alle Hindernisse beseitigen und die Wiedergeburt in der Nähe des Buddha bewirken.

16. Das Buddhabild steht vergleichsweise etwa zwischen Eucharistie und Ikone, ist mehr als diese und weniger als jene. Der *darshan* der Hindus – die andächtige Anschauung heiliger Bildwerke, aber auch lebender Heiliger – gehört ins gleiche Gebiet.

17. «Der Name Jesu» – sagt der heilige Bernhard – «ist nicht nur Licht; er ist auch Nahrung. Jede Speise, wenn sie nicht durch dieses Gewürz gemildert, ist zu trocken für die Seele, ist zu schmacklos, wenn dieses Salz ihre Fadheit nicht aufhebt. Ich finde keinerlei Geschmack an deinen Schriften, wenn ich jenen Namen nicht in ihnen lesen kann, und keinerlei Geschmack an deiner Rede, wenn ich seinen Klang nicht höre. Er ist Honig für meinen Mund, Musik für mein Ohr, Freude für mein Herz, aber auch eine Arznei. Fühlt sich einer von euch durch Traurigkeit bedrückt? So geniesse er denn Jesus im Mund und im Herzen, und siehe, durch das Licht seines Namens schwindet jede Wolke, der Himmel wird wieder klar. Hat jemand einen Fehler begangen und fühlt er die Versuchung des Verzweifelns? So rufe er den Namen des Lebens an, und das Leben wird ihn neu beseelen.» *(15. Predigt über das Hohelied.)* – «Das wichtigste Mittel im Gebetsleben ist der Name Gottes ... Die Asketen und alle jene, die ein Gebetsleben führen, seit den Einsiedlern der Thebais und den Hesychasten des Berges Athos ... heben diese wesentliche Bedeutung des Gottesnamens hervor ... Was im Gebet am wichtigsten ist, was geradezu sein Herz ausmacht, das ist das sogenannte Jesusgebet: Herr Jesus Christus, Sohn Gottes, habe Erbarmen mit mir armem Sünder! Dieses Gebet, hundertemale und selbst endlos wiederholt, ist der wesentliche Bestandteil jeder klösterlichen Gebetsregel; es kann im Notfall die allgemeinen Andachten und alle anderen Gebete ersetzen, denn sein Wert ist allumfassend. Die Kraft dieses Gebetes liegt nicht in seinem – an sich einfachen und klaren – Inhalt (es ist das Gebet des Zöllners), sondern im süssesten Namen Jesu. Die Asketen bezeugen, dass dieser Name die Kraft der Gottesgegenwart enthält. Nicht nur wird Gott mit diesem Namen angerufen, sondern er ist in dieser Anrufung schon gegenwärtig. Man kann es mit Gewissheit von jedem Namen Gottes sagen, jedoch trifft es besonders beim göttlichen und menschlichen Namen Jesu zu, welcher der Eigenname Gottes und des Menschen ist. In einem Worte: der Name Jesu, wenn er im menschlichen Herzen wohnt, verleiht diesem die Kraft der Vergottung, welche der Erlöser uns bewilligt hat.» (S. Bulgakow: *L'Orthodoxie.*) – «Selig» – sagt der heilige Hesychios – «ist derjenige, dessen Denken mit der Anrufung des Namens Jesu eins geworden, und der ihn unaufhörlich in seinem Herzen sagt, wie die Luft an unsere Leiber oder die Flamme an die Kerze gebunden ist.» – Und der heilige Johannes Damaszenus: «Man muss lernen, den Namen Gottes mehr anzurufen als man atmet, zu jeder Zeit, an jedem Ort und während jeglichen Tuns.» – Ähnlich äussert sich der heilige Johannes

Chrysostomos: «Er (der Mönch) sollte, wenn er isst und trinkt, wenn er sitzt oder die anderen bedient, oder wenn er geht oder was er auch tue, ohne Unterlass anrufen: Herr Jesus Christus, Sohn Gottes, erbarme Dich meiner! ... Harre aus ohne Unterlass im Namen unseres Herrn Jesus, auf dass dein Herz den Herrn und der Herr dein Herz trinke, und beide also Eins werden!»

18. «Denn Dich kennen ist die vollkommene Gerechtigkeit, und Deine Macht wissen ist die Wurzel der Unsterblichkeit», sagt das *Buch der Weisheit* (XV, 3); und auch: «Denn in ihr (der Weisheit oder Gnosis) ist ein verständiger, heiliger Geist, einzigartig, mannigfaltig, fein, tätig, durchdringend, unbefleckt, unfehlbar, unverletzlich, dem Guten zugetan, scharfsinnig, unhemmbar, wohltätig, menschenfreundlich, unerschütterlich, gewiss, ruhig, allvermögend, allbeachtend, alle Geister durchdringend, die verständigen, die reinen und die feinsten. Denn die Weisheit ist beweglicher als alle Bewegung; sie durchzieht und durchdringt alles, wegen ihrer Reinheit; sie ist ein Hauch der Macht Gottes, ein lauterer Ausfluss der Herrlichkeit des Allmächtigen: darum kann keine Befleckung sie treffen. Sie ist das Strahlen des ewigen Lichtes, der fleckenlose Spiegel des göttlichen Wirkens, und das Bild seiner Güte. Sie ist einzig und kann alles; sie bleibt sich gleich und erneuert alles; von Geschlecht zu Geschlecht geht sie auf die heiligen Seelen über und macht aus ihnen Freunde Gottes und Propheten. Denn Gott liebt nur denjenigen, welcher mit der Weisheit wohnt. Sie ist herrlicher als die Sonne und die Sternenwelt. Mit dem Lichte verglichen erhält sie den Vorrang; denn auf das Licht folgt die Nacht, gegen die Weisheit aber kommt das Böse nicht auf. Die Weisheit reicht gewaltig von einem Ende zum andern, und durchwaltet alles aufs beste.» (VII, 22–30.)

Nachwort

1.

«Habent sua fata libelli», es haben Bücher ihre eigenen Schicksale. Dieser Satz der Alten Römer trifft in hohem Masse auf das vorliegende Buch von Frithjof Schuon zu. Es handelt sich um die Übertragung eines Werkes, das zum ersten Male in Frankreich kurz nach dem Zweiten Weltkrieg (1948) erschienen ist, bei Gallimard in Paris. Seither sind ihm Neuauflagen, sowie Übersetzungen ins Englische, Italienische, Spanische und Portugiesische gefolgt. Auf seinem Wege durch Länder und Erdteile drang es kaum in die breiten Massen vor, erreichte jedoch, was schwerer wiegt, immer wieder Kreise von wertvollen oder gar bedeutenden Einzelnen und half auf diese Weise neben einem guten Dutzend weiterer Bücher und einem grossen Briefwechsel Frithjof Schuon zu einem wahren Prüfstein der Zeit werden zu lassen, an dem sich die Geister schieden, oder zu einer heimlichen Mitte, deren Ausstrahlung fern vom Tageslärm allmählich, aber stetig, wachsend immer weitere Kreise zog. Dass diese Entwicklung jedoch, trotz ihrer Stille, nicht in einem Abseits der Zeit stattfand, sondern im Spannungsfeld im vollen Sinne des Wortes «zyklischer» Auseinandersetzungen, beweist unter vielem anderen nur schon ein Echo wie dasjenige von seiten eines so begabten Dichters und tiefschürfenden Zeitkritikers wie T. S. Eliot (Nobelpreis 1948), dessen weite geistige Wanderung vom Nihilismus moderner Prägung bis zur christlichen Weltdeutung und Mystik das verzweifelte Suchen einer chaotischen Welt widerspiegelte. Eliot sagte über das Buch von Schuon: «Ich bin keinem eindrücklicheren Werke auf dem Gebiete der vergleichenden Forschung von morgen- und abendländischen Religionen begegnet», wobei diese Formulierung allerdings dem Buche Schuons nicht gerecht wird, das weniger ein Beispiel der «vergleichenden Religionsforschung» als den genauen Gegenpol dazu bildet, nämlich ein Durchschauen der Geistesformen von innen her.

Dass Schuons Buch erst heute im deutschen Sprachgebiet herauskommt, könnte vorerst als Zeichen einer Vernachlässigung der deutschen Geisteswelt durch den Verfasser erscheinen, aber diese Deutung übersähe eine wichtige Einzelheit, die den aufmerksamen Leser auf ein besonderes «Fatum» gerade der vorliegenden deutschen Veröffentlichung hinweist: Im Gegensatz zu den anderssprachigen Übersetzungen ist nämlich die vorliegende, ins Deutsche, von Schuon selbst besorgt worden. Nun dürfte es ein seltener, wenn nicht gar ein einmaliger Fall sein, dass ein Verfasser, nachdem er in verschiedenen bedeutenden französischen Verlagen mit insgesamt zwölf Büchern hervorgetreten ist und während dreissig Jahren seinen Platz behauptet hat, sich plötzlich imstande zeigt, die Übertragung eines seiner Werke ins Deutsche selber vorzunehmen, und zwar in einer urwüchsigen, deutlich an den grossen Mustern der deutschen Literatur geschulten Sprache von bemerkenswerter Stilhöhe, so dass dem Buche ohne weiteres Heimatrecht im deutschen Schrifttum zugesprochen werden darf.

Bei näherem Zusehen zeigt sich nun allerdings, dass schon dreizehn Jahre vor Schuons erstem französischem Buche ein deutsches Buch dieses Verfassers erschienen ist, nämlich das inzwischen längst vergriffene Jugendwerk «Leitgedanken zur Urbesinnung». (Orell Füssli Verlag, Zürich 1935). Es blieb nicht ohne Widerhall: Leopold Ziegler, der namhafte Philosoph (1881–1958), begrüsste damals diese Betrachtungen mit den Worten: «Zum ersten Male, soweit unser geschichtliches Erinnern reicht, lernt man sich der Symbolik einer Religionsform bedienen, nicht mehr um diese Religionsform gegen andere abzudichten, sondern im Gegenteil, um hinter ihr den gemeingültigen Inhalt aufleuchten zu lassen.» Später (1947) hat der Urs-Graf-Verlag in Bern zwei Bände deutscher Gedichte von Schuon herausgebracht, die ebenfalls schwerlich noch aufzutreiben sind, «Sulamith» und «Tage und Nächtebuch».

2.

Wer das deutsche und das französische Lebenswerk Schuons einander gegenüberstellt, kommt rasch zur Einsicht, dass für Schuon diese beiden Sprachen notwendige Ausdrucksmittel zweier Seiten seines Wesens oder zweier Sichten seiner geistigen Schau darstellen: Vereinfachend gesagt wäre das Deutsche vorwiegend – wir betonen diese Einschränkung, denn jede Sprache ist ja umfassend und nicht auf eine einzige Möglichkeit festzulegen – «vorwiegend» also geeignet zur Kundgebung des «Eckehartischen», Mystischen in Schuon, aber auch des Dichterischen und Erzählerischen, wohingegen das Französische wiederum ohne Ausschliesslichkeit mehr das Werkzeug des lateinisch klaren metaphysischen Lehrers bildet.

Vielleicht wird dieser «philologisch» wirkende Anfang unserer Schilderung als Umweg oder Abschweifung erscheinen, in Wahrheit aber führt er unmittelbar in die Mitte von Schuons Geist hinein und hängt aufs Engste mit der Geschichte seiner Seele zusammen. Sprachen sind ja keineswegs nur gesellschaftliche Verständigungsmittel, wie man heute oft behauptet, sondern weit darüber hinaus geistige Offenbarungen von innen her an oft sehr grosse Teile der Menschheit (an «Menschheiten», um eine Wortbildung von Schuon aufzugreifen), deren Schönheits-, Klarheits- und Gefühlsbedürfnissen sie sich mit wunderbarer Geschmeidigkeit anpassen. Ihre metaphysische Tiefe erhellt schon aus der engen Verschwisterung mit den grossen Offenbarungsreligionen; man denke an die entscheidenden Rollen, die das Sanskrit, das Arabische, das Hebräische für die damit verknüpften geistigen Überlieferungen spielen, oder das Lateinische für die Scholastik. Das einzigartige Amt aber, das die Vorsehung Schuon, wie schon das vorliegende Buch beweist, verliehen hat, könnten wir in diesem Zusammenhang geradezu bezeichnen als dasjenige eines «Übersetzers» oder «Übertragers» göttlicher Botschaften aus der geistigen Sprache der einen Religion in diejenige der anderen. In diesem Sinne möchte man ihn als Angehörigen des Zeitalters vor der babylonischen Sprachverwirrung oder als vom Pfingstgeist Erfassten ansprechen.

Schuon vergleicht die orthodoxen (die «lehrrichtigen, weil wirklich von Gott offenbarten») Religionen mit den Strahlen eines Sternes, die in dessen göttliche Mitte münden. Von diesem Bilde ausgehend, könnte man sagen, der vergleichende Religionsforscher untersuchte die einzelnen Strahlen mit der Lupe und stellte fest, dass sie eben alle Strahlen sind und nichts weiteres. Demgegenüber bewegt sich der Gläubige auf dem Strahle der Religion, der er angehört, der Mitte zu, den Blick unentwegt auf Gott gerichtet. Es gibt jedoch einen dritten Standpunkt, nämlich denjenigen eines Beschauers, der sich in der Mitte selbst befindet und von dort aus in das Strahlenmeer hinausblickt, das sich nach allen Richtungen ins Unendliche verliert; das ist die Sicht Schuons. In jedem Strahl, in jeder metaphysischen «Perspektive», ja noch mehr, in jedem Punkte auf einem solchen Strahl erkennt er einerseits die wenn auch noch so ferne Ausstrahlung der göttlichen Mitte, anderseits aber auch die immer grössere Verdunkelung infolge des wachsenden Abstandes von der Mitte. Jede Erscheinung innerhalb des Kosmos gibt sich gleichzeitig als Enthüllung und als Verhüllung.

3.

Die Betonung der Sicht der Ur-Lehre war im Zusammenhang mit der Sendung von Schuon – wie sie das vorliegende Buch kennzeichnet –, deshalb wichtig, da den von der *sophia perennis* weit abgewichenen und in tausenderlei Irrlehren verstrickten Abendländern mit ganzer Macht die allen echten Religionen zugrundeliegenden unbezweifelbaren und unveränderlichen Wahrheiten vor Augen gestellt werden mussten. Die Bestätigung der überlieferten Metaphysik durch alle grossen Offenbarungen war das denkbar beste Beweismittel für ihre Richtigkeit.

Bereits Schuons Vorläufer, Guénon, wies unermüdlich auf die Übereinstimmung der Religionen und besonders auf die über die ganze Erde sich erstreckende Verbreitung uralter Sinnbilder hin. In der Deutung der sinnbildlichen Sprache war Guénon ein grosser Meister; seine Grenze lag jedoch darin, dass er sich von dem Gedanken der Ur-Überlieferung verleiten liess, die Religionen nur als Anpassungen an gewandelte Verhältnisse zu betrachten und nicht in ihrem Eigenwert als unmittelbar offenbarte und selbständige Perspektiven: Deshalb ist bei ihm sehr selten die Rede vom Prophetentum, von der Heiligkeit, kurz von der unmittelbaren Beziehung der Menschen zu Gott. Schuon dagegen, von klein auf mit dem Auge des Herzens begabt, erspürte in den Religionen die ihnen zugrundeliegenden besonderen Sichten, das heisst aber, er erkannte sie in ihrer Eigenschaft als nicht miteinander zu vermischende Wege zum Göttlichen.

Die äussere Lehrkanzel für Guénon und Schuon und ihre Anhänger bildete durch Jahrzehnte hindurch, ja während über sechzig Jahren die in Paris erscheinende Zeitschrift *«Etudes traditionnelles»*. Dass Schuon durch das Dasein dieser Zeitschrift gezwungen war, sich für seine lehrlichen Abhandlungen des Französischen zu bedienen, hat er in unveröffentlichten Aufzeichnungen als wohlbegründete Bestimmung dargestellt, trat er doch mit der Verwendung dieser Sprache in eine grosse Tradition hinein: die «latinitas» des Französischen, die Unzweideutigkeit und Leichtverständlichkeit seines philosophischen Wortschatzes schmieden es zu einer starken Waffe. Der Blick auf diese sozusagen klassischen Vorzüge des Französischen darf uns jedoch nicht andere, persönliche Eigenschaften von Schuons Stil übersehen lassen: In allem von ihm Geschriebenen schwingt etwas von seinem eigenen geistigen Zustande mit. Es überträgt sich auf den Leser eine innere Freiheit, die «serenitas» der Weisheit, des weiten Überblicks; das ist wohl vor allem eine Wirkung des Rhythmus seiner Sprache, der Kraft seiner stets in die Mitte treffenden Beweisführungen und der bei allem Verzicht auf Kleinliches stets gewahrten Lückenlosigkeit seines Gedankenganges.

4.

«Wer den Dichter will verstehen, muss in Dichters Lande gehen.» Den Rat Goethes kann man abwandeln: Um einen Denker zu verstehen, muss man sich vorerst einmal auf den Boden begeben, auf dem er sich selber bewegt. Das ist nicht immer leicht, bildet aber die Voraussetzung jeden Verständnisses. Eine noch so knapp gehaltene Einführung in das Werk von Frithjof Schuon z.B. muss von der Tatsache ausgehen, dass sich dieser Verfasser ausdrücklich ausserhalb der abendländisch-neuzeitlichen, wissenschaftlichen oder philosophischen Betrachtungsweise stellt, und zwar, wenn man es kurz sagen will, weil er die menschliche Ratio wohl als Werkzeug bei der Darlegung von Erkenntnissen, niemals aber als deren Quelle anerkennt: Gewissheit kann vielmehr nur eine unmittelbare Schau geben, Frucht einer überrationalen, geistigen Eingebung, in der die Zweiheit von Subjekt und Objekt, als Ursache aller Unsicherheiten, überschritten ist.

Man wird sagen: Neuplatonismus, Gnosis. Einverstanden; wenn jedoch diese Feststellung bloss geschichtliche Einordnung und Abfertigung bleibt, vermag sie nicht aus dem geschlossenen Kreise neuzeitlichen Denkens hinauszuführen, und keineswegs enthebt sie der Aufgabe, die zunächst vielleicht befremdende Berufung auf den Logos (den «Geist», im alten Sinne dieses arg missbrauchten Wortes) nach Voraussetzung und Ergebnis vorurteilslos zu prüfen.

Der Leser von Büchern Frithjof Schuons gewinnt bald den

Eindruck, dass dieser Verfasser «ex cathedra» redet; nicht etwa, als ob er sich je auf irgendein Amt beriefe: Das kann er schon aus dem einfachen Grunde nicht tun, da er nicht nur eine, sondern sozusagen alle orthodoxen Religionen in seine Betrachtung einbezieht, wozu ja keinerlei äussere Stellung innerhalb einer einzelnen Religion die Befugnis zu verleihen vermöchte. Vielmehr leitet sich das Empfinden, die Aussagen eines Bevollmächtigten vor sich zu haben, her von der Verbindung grösster, heute durchaus ungewohnter Entschiedenheit des Stiles mit peinlich gerechter Berücksichtigung der verschiedenen jeweils in Betracht kommenden, oft sich widerstreitenden Gesichtspunkte und deren salomonischen Scheidung durch Zuweisung auf die jedem von ihnen gemässe Ebene, welche «Hierarchisierung» viele Rätsel gleichsam von innen heraus löst; es erscheinen alle behandelten Fragen als auf eine feste Mitte ausgerichtet: Unverrückbar und unwandelbar aber ist dieser Beziehungspunkt, da er frei gehalten wird von einschränkenden Festlegungen, die notwendigerweise an ihren eigenen Grenzen zerbrechen und damit eine Veränderung hervorrufen müssten; es ist diese Mitte nichts anderes als das «Unendliche» im Sinne der hinduischen «advaita» (Nichtzweiheit), des chinesischen «tao», des buddhistischen «nirvâna», des kabbalistischen «ain», des «Ungrundes» von Jacob Böhme, der «nox profunda» der Mystiker, kurz jener letzten göttlichen Wirklichkeit, die nur über die «via negativa», d.h. durch das Verfahren der schrittweisen Aufhebung aller einschränkenden Bestimmungen einem zu seinen höchsten Möglichkeiten sich aufschwingenden Erkenntnisvermögen nahegebracht, in seiner Überförmlichkeit niemals aber beschrieben werden kann.

Diese innerste und freieste Möglichkeit ist auch jener schon oben erwähnte «Punkt», in dem allein sich die verschiedenen orthodoxen Religionen treffen, wie Strahlen, die von Punkten auf dem Umfange eines Kreises ausgehen, um gemeinsam in dessen Mittelpunkt zu münden. Das Sich-Aufschwingen, das Sich-Öffnen dem Unbeschränkten gegenüber könnte man auch einem Horchen nach innen vergleichen, «drum höre, wer da Ohren hat, zu hören» und die folgerichtig sich aus diesem Lauschen auf den Logos (auf das «Wort» im johanneischen Sinne) ergebende Haltung wäre der Ge«hor»sam der geistigen Gewissheit gegenüber.

Halten wir diesem inneren Gehorsam die äussere Gesetzes- und Dogmentreue entgegen, so sind wir bei der – für Schuons Werk wichtigen – Unterscheidung zwischen Esoterik und Exoterik angelangt. Esoterik hat bei Schuon nichts mit irgendeiner gewollten Geheimhaltung bestimmter Erkenntnisse zu tun, sie bezeichnet vielmehr eine andere Sicht, unter der dieselben Gegebenheiten von Religion und Tradition ins Auge gefasst werden, von denen auch die Exoterik ausgeht. Die Esoterik ist nur für jene Menschen geheim, deren Fassungsvermögen sie übersteigt.

Die Exoterik aber ist, wohlbemerkt, nicht etwa eine Entartung der Esoterik, sondern ein Gnadenmittel, das Gott aus Barmherzigkeit für jene offenbart hat, die dafür geschaffen sind. Dennoch ist die Esoterik, wenn sie sich innerhalb einer Religion kundgeben will, darauf angewiesen, deren exoterische Aussagen aus allzuenger Begrenzung herauszulösen; dadurch wirkt sie in geistigen Blütezeiten immer wieder verjüngend und auftauend, sie erzieht die Menschen vom blossen «Hören» zum «Horchen», von der «Hör»igkeit des Sklaven zum Ge«hor»sam des geistig Freien, wobei sie allerdings jederzeit Gefahr läuft, zum «Skandalon» der Exoteriker zu werden.

5.

Ein Hauptdogma der Religion betrifft den Glauben an die Alleingültigkeit oder mindestens an die Überlegenheit ihres jeweiligen Weges. Der wahre Kern dieses Dogmas ist darin zu finden, dass eine orthodoxe Religion auch für die höchsten Ziele, die ihre Anhänger anstreben mögen, unbedingt ausreicht; sie bedarf in der Regel keiner Anleihen anderwärts, ja, solche müssten, wenn sie eine «Relativisierung» der eigenen Heilsmöglichkeiten in sich schlössen, sogar als hinderlich für die Erreichung geistiger Ziele bezeichnet werden. Andererseits aber steht Gott über den von Ihm ausgehenden Offenbarungen; Gott ist weder Hindu, noch Jude oder Christ und Moslem, und zweifellos ist es überzeugender, im Vorhandensein vieler, nach Blickwinkel und Formensprache voneinander abweichenden Religionen einen Ausdruck der Unabhängigkeit Gottes von Seinen eigenen Kundgebungen zu sehen, als alle fremden Überlieferungen des Irr- oder Aberglaubens zu zeihen; das ist, wie wenn man unter den Sprachen der Völker nur gerade die, die man selber mit der Muttermilch eingesogen hat, gelten liesse und die anderen als blosses Gestotter oder Gelalle ansähe. Die Vielheit der Religionen kann als Zeichen der göttlichen Barmherzigkeit ausgelegt werden, insofern jedem Teil der Menschheit der ihm besonders gemässe Weg zum geistigen Heil offenbart worden ist; andererseits ist diese Vielheit ein Fingerzeig dafür, eine bestimmte äussere Form nicht mit Gott Selber zu verwechseln. Wenn sich Paulus in Athen zum Zeugnis für die Wahrheit seiner Botschaft auf griechische Dichter berief, was bei weitem nicht nur «Diplomatie» war, wenn die Kirchenväter und die Mystiker (z.B. Meister Eckehart) gerne «heidnische Meister» herbeizogen, wenn Jacob Böhme gar schrieb: «Wahrlich es ist nur ein Gott: wenn aber die Decke von deinen Augen gethan wird, dass du Ihn siehest und erkennest, so wirst du auch alle deine Brüder sehen und erkennen; es seyen gleich Christen, Juden, Türken oder Heiden. Oder meinst du, dass Gott nur der Christen Gott sey? leben doch die Heiden auch in Gott: Wer recht thut, ist ihm angenehm» (Aurora, Kapitel II, 34), so hebt sich diese Freiheit und Unmittelbarkeit, die den Geist überall aufnimmt, wo er weht, merklich ab von der Eifersucht und dem absichtlichen Nichtverstehenwollen, mit dem Verfechter der Ausschliesslichkeit andere Religionen zu entwerten versuchen. Schuon weist darauf hin, dass sich mit solcher beflissener Verleumdung fremder Heiliger Offenbarungen und Formen im Grunde weltliches, ungeistiges Denken dafür rächen will, dass es im Rahmen der eigenen Religion schweigen muss. Umso giftiger äussert es sich fremden, schutzlosen Offenbarungen gegenüber. Folgerichtigerweise kehrten sich denn auch im Laufe der «Säkularisierung» und «Verweltlichung» die ursprünglich nur an die «Naturreligionen» gerichteten Vorwürfe plötzlich ebenso heftig gegen das Christentum selbst, das früher als Ausnahme behandelt worden war. Die Religionsvergleichung und die Religionspsychologie relativisierten die Offenbarung völlig, indem sie zu zeigen versuchten, dass im «Kindes»alter der Völker aus denselben überall vorhandenen seelischen Bedürfnissen notwendigerweise als Wunsch- und Angstvorstellungen immer wieder ähnliche Mythen (Weltdeutungssagen) entstanden seien. Was können die «Exoteriker» diesem Gedankengang entgegensetzen, es sei denn die unbeweisbaren Inhalte ihres Glaubens? Nur «esoterisch» ist eine Widerlegung möglich, und sie wurde denn auch, in unserem Jahrhundert, in grossem Maßstabe unternommen, wenn auch entsprechend ihrem «esoterischen» Gehalt abseits vom lauten Tagesgespräch, vor allem durch René Guénon und durch Frithjof Schuon, von verschiedenen, keineswegs jedoch sich widersprechenden Standpunkten aus: Sich auf die morgenländische Metaphysik stützend, wie sie besonders rein im «Vedânta», der Krone des Vedas, dargelegt wird, wies

Guénon in den Symbolsprachen der verschiedenen orthodoxen «Traditionen» (Religionen) ein ihnen allen gemeinsames Urwissen nach; dessen Vergessen verschuldet die Verfinsterung und den Zerfall der «modernen», vom Abendland geprägten Welt. In der Sicht Guénons erscheinen die Unterschiede und scheinbaren Widersprüche zwischen den Traditionen gleichsam als zu vernachlässigende Nebensachen.

Ganz anders bei Schuon: Das Antlitz der einzelnen orthodoxen Religionen löst sich hier nicht einfach in demjenigen der Urtradition der Menschheit auf, sondern erscheint in seiner einmaligen Bedeutung als durch nichts zu ersetzender Anblick der Göttlichen Wirklichkeit; wir wüssten keinen anderen derartig unbestechlichen und tiefblickenden «Physiognomiker» der verschiedenen Religionen zu nennen. Auf einer ersten Ebene der Betrachtung treten die Widersprüche zwischen den einzelnen Wegen zu Gott in schärfster Klarheit hervor. Eines desto grösseren Aufschwunges bedarf es dann aber auch, um auf einer zweiten, hohen Ebene den Streit der Gesichtspunkte im Frieden einer unmittelbaren Gottesschau zu überwinden.

6.

Schon der französische Titel des vorliegenden Buches «De l'unité transcendante des religions», ist bezeichnend: Es geht um die Gesichter der verschiedenen Religionen, hier besonders derjenigen von Christentum, Judentum und Islam, darüber hinaus aber um deren innere Einheit, die aber nur im Letzten, im Transzendentalen zu finden ist; ja, der Vergleich verschiedener Überlieferungen und die Suche nach ihrer gemeinsamen geistigen Quelle erweist sich schliesslich als ein Mittel der oben erwähnten «via negativa», der Selbstaufhebung der Welt der Formen zugunsten des über jeder Form liegenden göttlichen Ungrundes; der Leser fühlt sich, wenn man so sagen darf, auf einmal selber in eine Art von Pilger, von Reisendem nach der höchsten Schau verwandelt; er spürt, dass der Verfasser keineswegs nur seine Wissbegierde anspricht, sondern ihm seine Gottesebenbildlichkeit, seine Verwurzelung im göttlichen «Ungrunde» in Erinnerung ruft; diese Wirkung ergibt sich jedoch nicht aus irgendeiner Absicht, zu überzeugen, sondern von selbst, aus der Anziehung, die mit dem Standpunkte des Verfassers und der

Art seiner Darstellungsweise gegeben ist, die keinen Zweifel darüber aufkommen lassen, dass es sich nicht bloss um eine gedachte, sondern um eine weit über den Gedanken hinaus den ganzen Menschen erfassende Lehre handelt. Dieser Anruf unterscheidet Schuons Werk abermals sehr deutlich von jeder sich bloss an den Verstand richtenden oder gar unverbindlich mutmassenden wissenschaftlichen Abhandlung.

7.

Die Umfassendheit dieses Standpunktes erweist sich auch an einer bezeichnenden Einzelheit, nämlich daran, dass schon in diesem ersten Buche Schuons keimhaft alle Leitgedanken seines Gesamtwerkes enthalten sind; es kann hier, wo es um Eingebung des Logos geht, keine «Entwicklung» geben, die ja voraussetzt, dass das menschliche Gehirn immer wieder neue Weltbilder gebärt, die, da nichts ihre Wahrheit verbürgt, jederzeit durch andere, einem neuen Lebensbedürfnis – oder oft sogar nur einer neuen Mode – entsprechende ersetzt werden können. Demgegenüber musste Schuons Schau unverändert bleiben, auch durch Jahrzehnte hindurch; der fast unübersehbare Reichtum der Gesichtspunkte ergibt sich nicht aus einer Wandlung, sondern aus der Fülle von Sichten, die von Anfang an im göttlichen «Ungrunde» enthalten sind; es ist wie ein Sprühregen, dessen tausende von Tropfen die Sonne und gleichzeitig einander widerspiegeln, wobei aber auch noch die so entstehenden Spiegelbilder in unendlicher Vielfalt weiter spiegeln und weiter gespiegelt werden.

Ein Angelpunkt schon im ersten Buche ist z.B. das Wissen um die «Verzahnung» des Unbedingten mit dem Bedingten (des Absoluten mit dem Relativen); dieses Ineinandergreifen versinnbildlicht unter anderem das chinesische Yin Yang, das Stehen einer weissen Kreisfläche im schwarzen und dasjenige einer schwarzen im weissen Felde; jede Verbindung von Gott und Welt beruht letztlich auf dieser Verflechtung. Schuon zieht sie immer wieder heran, in meisterlicher Weise z.B., um den geheimnisvollen Mythos des Bodhisattwa Dharmakara zu deuten, der ein Gelübde ablegte, nicht ins Nirvâna einzugehen, es sei denn zusammen mit den nach Gott Strebenden, die reinen Herzens seinen höchsten Namen, Amitâbha, angerufen hätten, wobei die rätselhafte Wechselbeziehung von Gottesliebe im Menschen und Menschenliebe in Gott sehr tief erörtert wird.

8.

Nicht weniger ergiebig erweist sich die Besinnung auf die im Hinduismus, aber in irgendeiner Form auch in jeder anderen orthodoxen Religion anzutreffende Dreiheit der Wege zu Gott, nämlich Überwindung des Ichs, sei es – erster Weg – durch die Opfertat (hinduisch *karma yoga*), oder – zweiter Weg – durch die Liebe zu Gott und zum Du (hinduisch *bhakti yoga*) sei es, endlich – dritter Weg – durch die Erkenntnis, als Mittel zur Einung von Subjekt und Objekt (hinduisch *jnâna yoga*), wobei jeder dieser Wege zwei Pole aufweist, Entsagung und überwindende Tat stellen sich auf der ersten, Ergebung in Geduld und Vertrauen auf Erlösung auf der zweiten, scheidende Weisheit zwischen Absolutem und Relativem (Ge-«scheit»heit, Intellekt) und Bewusstsein des «Selbst», der Einheit unseres innersten Wesens mit Gott, auf der dritten Stufe gegenüber.

Versuchte man, die Wirkung von Schuons Büchern selber an diesen Möglichkeiten menschlicher Haltung zu messen, so könnte man sagen: Die ausstrahlende Mitte dieser Wirkung liegt zweifellos in der geistigen Erkenntnis; um ein anderer zu werden, bedarf es keiner «Predigt»; die Erkenntnis verwandelt von selbst denjenigen, dem sie zuteil wird, im Masse allerdings, als er sie sich einverleibt. Diese Einverleibung der geistigen Erkenntnis, ihre Verankerung in unserem Wesen aber wird erleichtert, einmal durch die Einbeziehung aller Schichten des menschlichen Wesens in die Betrachtung, ferner durch den seelischen Duft und den Rhythmus des dichten und gleichzeitig klaren Stiles, dessen sich Schuon bedient: Es handelt sich bei diesen Eigenschaften summa summarum um die von der geistigen Erkenntnis ausgelöste Schwingung, die sich übrigens auch noch über den seelischen Bereich hinaus bis auf die Stufe der Tat fortpflanzt, nicht im Sinne der heute so beliebten, meistens sehr kurzsichtigen Anleitungen zur Weltverbesserung allerdings; derartiges wird man bei Schuon nirgends finden, sondern durch die Ausrichtung des Tuns auf den göttlichen und allein wirklichen Ursprung. Nichts könnte mehr zur Heilung unseres kranken Zeitalters beitragen, als wenn diese Ausrichtung von denen, die ihrer fähig sind, auch tatsächlich vollzogen würde.

9.

Wenn wir das Nachwort zu Schuons Buch, dessen Verbreitung uns sehr am Herzen liegt, mit einer Aufzählung der Titel von Schuons anderen Büchern schliessen, so möchten wir ausdrücklich wiederholen, dass es sich dabei nicht um wissenschaftliche Werke handelt, nicht um die Vermittlung von Tatsachenwissen aus dem Gebiete der Religionsvergleichung usw. Das Entscheidende ist vielmehr die Begegnung mit dem Geiste der Ur-Lehre. Unter Umständen kann der eine Leser dieses Wesentliche schon aus einem einzigen Satze erfassen. Das heisst andererseits nicht, dass diese Bücher nicht auch für die Deutung vieler Einzelheiten aus den grossen Offenbarungen wahre Fundgruben wären. So möchten wir diesem Buche Leser wünschen, die von dessen geistigem Atem gestreift werden und in denen die Sehnsucht erwacht nach dem Hochgebirge der reinen metaphysischen Erkenntnis, in das uns Schuon immer wieder emporführt.

Vielleicht wären Einzelne dankbar für eine knappe Zusammenfassung der im folgenden genannten Werke: Sie ist deshalb unmöglich, da es sich jeweils nicht um einen Schritt für Schritt vorgehenden Lehrgang handelt, sondern um Sammlungen von auf weitgespanntem Bogen liegenden und nach allen Seiten ausstrahlenden Aufsätzen, die in unserem kurzen Abriss nicht unter Dach und Fach zu bringen wären. Wir verweisen demgegenüber auf die Titel selbst, die immerhin sehr genau die verschiedenen Gruppen von Schuons Werk umschreiben und den Suchenden zu den für ihn besonders nützlichen Abhandlungen zu führen vermögen.

Basel, im Herbst 1980

Hans Küry

Register

'abd, 121
'Abd El-Karîm El-Dschîlî, 29
Abdul-Hâdi, *L'universalité en Islam,* 49
Abendmahl, 111, 127
Abraham, 23-4, 104 ff.
Absolute, das, 27, 121, 124
Adam, 84, 115-16, 129
Aham Brahmâsmi, 12
al-'Aql, 129
Albertus Magnus, 49
Alchimie, 32, 35, 49
Allâh, 132
Allgeist, 81, 85, 114-15
Allmöglichkeit, 87, 98
Allwahrheit, 14 (Anm.)
Allwirklichkeit, 96
Alter Bund, 122; und Neuer Bund, 107
Altertum, klassisches, 54, 66, 67 (Anm.)
Altes Testament, 24, 126
Amida, 131, 132
Anâ el-Haqq, 12
Anselm von Canterbury, 49
Antichrist, 102
anuvâda, 50
apavâda, 50
Apostel, 47, 98, 100, 112
Apostelgeschichte, 100
'ârif bil-Llâh, 120
Aristoteles, 7
Athos, Berg, 133
Atmâ, 75
Auge des Herzens, 78, 87
Augustus, Kaiser, 29
Avatâra, 55, 102, 118, 121, 126, 131
Avatârismus, 127; hinduist.-buddhist., 121

Barachiel, 129

Barock, 66, 68
bashar, 121
Basilius, Hl., 89
bâtin, 115
baqâ', 123
Benedikt, Hl., 47
Bernhard, Hl., 31, 38, 49, 133;
  und Liebesmystik, 38
Bethsabe, 88
Bhagavad-Gîta, 118
bhakti, 43, 121-22
Bibel, 29, 88, 116,
  siehe auch Neues Testament
Black Elk, *siehe* Schwarzer Hirsch
Böhme, Jakob, 17, 50
Bonaventura, Hl., 49
Böse, das (= Übel), 75 ff., 117;
  Problem des Übels, 79-80
Brahmâ, 129
Brahma-Loka, 89
Brahmanen, 84, 99, 126, 132;
  Brahmanentum, 98, 103, 126
Brahmanismus, 126
Brahma-Sûtra, 43
Brüderschaften, esoterische, 35;
  moslemische, 35, *siehe auch* Fede santa
Buch der Weisheit, 50, 134
Buddha, 50, 92, 103, 121, 127, 131, 132-33;
  und Christus, 125-26;
  und Moses, 131
Buddha Amitâbha, 132
Buddhânusmriti, 131
Buddhi, 114
Buddhismus, 91, 103, 106, 126;
  und Christentum, 110, 117, 124 ff.;
  und Hinduismus, 103, 126
Bulgakow, S., *L'Orthodoxie,* 133

Burckhardt, Titus, *Vom Wesen heiliger Kunst in den Weltreligionen*, 69

Cassianus, Johannes, Hl., 47, 50
Chitralakshana, 131
Christentum, 24 ff., 28 (Anm.), 31 ff., 50, 55, 58-9, 67 (Anm.), 92 ff., 100, 102; als Mystik, 123; und Buddhismus, 110, 124 ff.; und Islam, 24, 8. Kap. *passim*; und Monotheismus, 7. Kap. *passim*; Grenzen der Ausbreitung, 97-8; Weg der Gnade, 33; Weg der Liebe, 120
Christus, 18, 23 ff., 30, 31-2, 40, 47, 63, 91-2, 96, 98, 100, 110, 115, 118, 121, 124 ff.; und Buddha, 125-26; und Mohammed, 23, 125, 131; und Mosaisches Gesetz, 105; Mystischer Leib, 111-12
çidq, 33
Coomaraswamy, Ananda K., *De la «mentalité primitive»*, 68
Correggio, 68
Cyrillus von Alexandria, 89

Dante, 29, 98
darshan, 133
David, 88, 116
Deificatio, 123-24
Demiurg, 76
Derwischorden, 36, 48, *siehe auch* Esoterik; Sufitum
Devas, 84, 129
dhanb, 116, 129
dhikr, 131
Dhyana, 47
Diaspora, 126
Dionysius (der Areopagit, Hl.), 47
Dogma (Dogmen, Dogmatik), 8, 11, 14 (Anm.), 15-6, 19, 29, 33, 104, 110, 114, 128; christliches, 24-5, 121-22, 126; jüdisches, 24
Dogmatismus, 11; philosophischer, 46
Dreifaltigkeit (Dreieinigkeit), 88, 111, 115, 121; innere Wahrheit der, 25; islamische Fehldeutung der christlichen, 25; christliches Dreifaltigkeitsdogma, 113, 115, 121; Vergöttlichung Jesu und Mariä, 29

Dwâpara-Yuga, 102

Ebenbild Gottes, 34, 74, 129
Eckhart, Meister, 7, 17, 46, 71, 81, 89, 90, 114, 120
Eden, 116
Einheit (innere E. der Religionen), 9, 37-8, 103, 109-10; göttliche, 21, 34, 81, 104, 111, 115, 118, 123-24; der Wirklichkeit, 33, 115, 123, *siehe auch* Islam
El-Ghazâlî, 14 (Anm.)
El-Hallâdsch, Mançur, 12, 47
Elite, Volk und, 36-7
Engel, 53, 62, 68, 84, 129, 131; Engelswelt, 84; Erzengel, 84, 114-15
Erbsünde, 116, 120
Erkenntnis, 34, 44, 75, 78-9, 84 ff; allumfassende, esoterische, metaphysische, 7-8, 12-3, 16, 32; reingeistige, 7-8, 45, 120-21; sinnliche und übersinnliche, 8; übergedankliche, seinshafte, 14; übervernünftige, 9; und Liebe, 18, 34, 43; Gotteserkenntnis, 45-6, 78; Herzenserk., 50; Weg der, 31
Erlösungswerk (= Erlösung), 23, 62, 111,
Esoterik, 8, 16, 25, 3. Kap. *passim*, 53, 71-2, 77 ff., 83, 89, 106, 111, 130; christliche, 122-23, 126; islamische, 122-23; metaphysische und mystische, 88; und Exoterik, 48-9, 122, 126; und Heiligkeit, 25, 122-23
Es-Samawât, 89
Essäer, 24, 108
Eucharistie, 133
Evagrius, 47
Evangelium, 29, 31, 67 (Anm.), 89, 92, 97-8, 106, 119
Exoterik, 2. Kap. *passim*, 31, 35, 45, 71 ff., 78-9, 81, 97, 104, 126; jüdische, 122; metaphysische und mystische, 88; und Esoterik im Islam, 48-9, 122-3
fanâ', 123
fanâ' el-fanâ', 46
fanâ' el-wujûd, 46
faqîr, 34

faqr, 34
Fede santa, 48
Fleischwerdung, 28, 107, 115, 123; und Erlösung, 111
Fortschritt, 91, 93-4, 101-2; moderne Zivilisation und, 94-5, 100, 101
furqân, 123

Gabriel, Erzengel, 129
Geistesschau, geistige Schau, 7, 11, 18, 43
Geschlechtlichkeit, christl.-islam., islam.-jüd., 117, *siehe auch* Moral
Glaube, 7-8,10, 15, 33, 36, 47, 113, 130; dogmatischer, 8; exoterischer, 19, 122; und Erkenntnis, 41-2; und Liebe, 123; und Wunder, 119-20; Wissen und, 48
Gnosis, 8, 16 ff., 31-2, 34-5, 37 ff.,43-4, 47, 50, 53, 64, 71, 87, 122, 128, 130, 134; christliche, 17, 120 ff.; islamische, 38
Gott, Güte und Barmherzigkeit, 22-3, 54-5; und Gerechtigkeit, 73; Gnade, 36, 79; Liebe und Schönheit, 53 ff.; und Mensch, 74; und Schöpfung, 72 ff., 80; und Welt, 71 ff., 80-1; persönliche und unpersönliche Anblicke, 71 ff.
Gottesgedenken, 78
Gottmensch, 26-7, 115
Guénon, René, *Réalisation ascendante et descendante*, 30; *Les deux nuits*, 67 (Anm.), 89
hanîf, 24, 108
haqîqah, 31, 115, 123
Heidentum, 23-4, 29; römisches, 55; Neuheidentum, 58
Heil, 15, 27, 28 (Anm.), 33, 73, 119; und Metaphysik, 17-8
Heiland, 119
Heiliger Geist, 29, 64, 112 ff.
Herrigel, Eugen, *Zen in der Kunst des Bogenschießens*, 47
Herrigel, Gusty L., *Der Blumenweg*, 47
Hesychasmus, 47, 78; Hesychasten 133
Hesychios, Hl., 133
Hînayâna (-Buddhismus), 103
Hinduismus (= Hindutum), 84, 102, 129; und Buddhismus, 121, 126; und Christentum, 121; und Islam, 112; und Judentum, 126
Hiranyagarbha, 129
Hohelied, 133
Humanismus, 17
Hypostase, 130

Ibn Arabî, 38, 46, 49, 67 (Anm.)
«Idealismus», 58
Idee, 1. Kap. *passim*, 15, 25, 29, 40-1, 81, 111-12, 115, 118-19, 124, 128; monotheistische, 105; platonische, 61
ihsân, 33
Ikonen, 62, 66-7, 69, 130, 131
imân, 33
Individualismus, 119
Intellekt, 7-8, 10, 13, 18, 35, 40, 42, 44-5, 47, 78, 85, 87, 114, 124; Intellekt-Erkenntnis, 41; göttlicher, 82-3; und Vernunft, 85
Ippen, 132
Irenäus von Lyon, 47
Isaak, 104
Islam, 24 ff., 28 (Anm.), 30, 33, 35, 38, 88, 91, 127, 129; Ausbreitung des, 98; und Christentum, 24, 26, 8. Kap. *passim*; und Hindutum, 98-9; und Judentum, 25, 118; und Monotheismus, 7. Kap. *passim*; als Weg der Einheit, 48, 128-29
islâm (= Ergebung), 15, 33
Ismael, 104
Israel, 104 ff.
Isrâfîl, 129
ithm, 116
Izrâ'îl, 129

Jakobus (Apostel), Hl., 18, 47
Jannah, 89
Jannat edh-Dhât, 89
Jehudiel, 129
Jerusalem, Zerstörung von, 26-7
Jesus, 27, 28 (Anm.), 29, 67 (Anm.), 91, 105-6, 112, 130; Name Jesu, 100, 133, *siehe auch* Christus
Jesusgebet, 133
Jibrâ'îl, 129

149

jnâna, 43-4, 121
Joel (Prophet), 132
Johannes Chrysosthomus, Hl., 134
Johannes Damaszenus, Hl., 67, 133
Johannes der Evangelist, Hl., 47
Johannes XXII, Papst, 89
Juda, 126
Judentum, 24-5; und Christentum, 24-5; und Hinduismus, 126; und Islam, 24, 118; und Monotheismus, 7. Kap. *passim, siehe auch* Mosaisches Gesetz
Jungfrau, Heilige, 62, *siehe auch* Maria
Jüngstes Gericht, 27, 119
Justinus der Märtyrer, Hl., 100

Kaaba, 112
Kabbala, 32, 88, 129
Kabîr, 50
Kain, 116
Kali-Yuga, 102
Kasten (Hindu-), 98-9, 101-2; Kastenordnung, 125
Katakomben, 52, 59
Khaja Khan, *Studies in Tasawwuf,* 28 (Anm.)
Khâtam el-anbiyâ, 113
khulafâ (khalîfah), 116
kitâb, 116
Klemens von Alexandrien, 47, 49, 120
Konfuzius, 49
Konfuzianismus, 36
Konzil von Nikäa, 64
Koran, 24, 29, 37, 56, 67 (Anm.), 84, 89, 111, 113, 116, 119, 123, 129; und Neues Testament, 112, 119; und Thora, 106, 112
Kosmos, Schöpfung und, 114
Krishna, 122, 131
Kunst, heilige, 9, 16, 4. Kap. *passim*; abstrakte und surrealistische, 66; byzantinisch-romanische, 55, 58, 63; christliche, 58-9, 64, 67 (Anm.); gotische, 55, 58, 67 (Anm.); griechisch-römische, 58-9; heilige und weltliche, 64, 66; hinduistische, 56; islamische, 56; klassische und altägyptische, 61; ostasiatische und buddhistische, 61, 131; naturalistische, Naturalismus, 60 ff., 65; neuzeitliche, 63; Renaissance, 58, 67 (Anm.); Grundsätze der überlieferungstreuen, 60; Kunstformen, 51 ff., 57, *siehe auch* Ikonen

Lakshmî, 129
Laotse, 49
Laylat-ul-qadr, 67 (Anm.)
Leib Christi, 89
Liebe, 18, 31-2; und Erkenntnis, 18, 34, 43, 120, 128
Liebesmystik, 38, 43, 122, *siehe auch* Bernhard, Hl.
Logos, 75, 92, 113, 121; Herabkunft des, 23; Idee des, 21; kosmische Kundgebung des, 26, 130; Menschwerdung des, 111, 127
Lot-Borodine, Mme, *La doctrine de la déification dans l'Eglise greque,* 130
Lukas, Hl., 29, 62, 131

mahabbah, 120
Mahâ-Purusha, 30
Mahâyâna (-Buddhismus), 50, 103
Mahâ-Yuga, 99, 102
Maimonides, 105
Maitreya, 132
Mânava-Dharma-Shâstra, 132
Maria, 24, 29, 62, 67 (Anm.)
Marienkult, 29
ma'rifah, 120
Materia prima, 114
Mâyâ, 96, 121
Menschwerdung, 27, 111, 123, *siehe auch* Logos
Messias, der, 105-6, 115, 126
«Metakosmos», göttlicher, 78
Metaphysik, 7-8, 37, 42-3, 90, 104, 121, 128; Allgültigkeit der, 83; und Heiligkeit, 38; und Seelenheil, 17-8
Metatron, 129
Michael, Erzengel, 129
Michelangelo, 68
Mikâ'îl, 129
Mikrokosmos, 78
Missionare, 28, 92-3

Mittelalter, christlich-abendländisches, 10, 34, 51 ff., 55, 65, 93-4
Mohammed, 23, 99, 108, 111, 113, 116, 129, 131; und Christus, 108, 112, 125, 131
Mohyiddîn ibn Arabî, 46, *siehe auch* Ibn Arabî
Mönchstum, 35, 47, 125; esoterischer Charakter des, 35; und Einsiedlertum, 125
Monotheismus, 24, 48, 7. Kap. *passim*, 110, 121, 125
Moral, und Geschlechtlichkeit, 117; und Sinnbildlichkeit, 79
Morgen- und Abendland, Zerfall, 93
Mosaisches Gesetz, 88, 122, 125-6, 129; und Christus, 105
Moses, 23, 104-5; und Buddha, 131
Mufti, 48
mutabârikûn, 36, 48
Mystik, 34, 37, 40, 88; christliche, 121, 123
Mystischer Leib Christi, 111
«Mystizismus», 88

Nâgârjuna, 50
Name Gottes (Gottesnamen), 127, 133; Anrufung des, 131, 132
Namu-Amida-Bu, 132
Nawab, A.H.H.N. Jung Bahadur, 28 (Anm.)
Neues Testament, 28 (Anm.), 92; und Koran, 112, 119; und Thora, 112
Neuplatoniker, 24
Neuplatonismus, 43
Nikodemus, 31
Nirwâna, 106, 110, 125, 130
Nûr muhammadî, 113

Offenbarung, 7 ff., 15, 22, 26, 43, 46, 49, 66-7 (Anm.), 88, 97, 103, 105 ff., 109 ff., 120 ff., 129; Offenbarungsform, 8-9, 20 ff., 25, 37, 107, 128; Offenbarungsmythologie, 117; Offenbarungssystem, 27
Origenes, 47
Ostkirche, 50, 103, 130

Pantheismus, 81, 90
Paradies, 89, 130; irdisches, 34; islamisches, 89
Paraklet, 114
Parias, 98, 102
Pârvatî, 129
Paulus, Hl., 47, 100, 103
Petrus, Hl., 47
Pharisäer, 25, 103; Pharisäer- und Heidenwelt, 26
Philosophie, 7, 9, 11, 13-4, 127; aristotelische, 44; moderne, 17, 50
Picard, Max, *Die Flucht vor Gott*, 69
«Polytheismus», 11
Prakriti, 114
Prasenajit von Shrâvastî, König, 131
Priestertum im Islam, 113
Prophet, der, *siehe* Mohammed
Proskynesis, 130
Psalmen, Buch der, 88
Purânas, 101
Puritanertum, 58
Purusha, 114
Pythagoräer, 24, 35, 108
Pythagorismus, 31

Râdhâ, 122
Râma, 122, 131
Râmakrishna, 14 (Anm.)
Raphael, Erzengel, 129
Ratio, 7, 9, 14, 83
Rationalismus, 86, 96
Religionsmythologie, 27-8, 39
Renaissance, 33, 55-6, 58, 62-3, 66, 68, *siehe auch* Kunst
risâlah, 113, 116
Risâlat el-Ahadiyah, 46
Rokoko, 68
Römisches Reich, 28 (Anm.), 92, 98, 118
Rosenkreuzertum, 32
Rûh (Er-Rûh), 129
rusul (rasûl), 116

Sahâbah, 118
Sakramente, Sakrament, 31, 89, 122; der Ehe, 117, *siehe auch* Abendmahl
salikûn, 36, 48

151

Salomo, 88, 116
Sanâtana Dharma, 15
sannyâsî, 102
Saraswatî, 129
Satya- (Krita-) Yuga, 102
Scholastik, 17, 49
Schwarzer Hirsch, *Die heilige Pfeife,* 100
Sealtiel, 129
Sedlmayr, Hans, *Verlust der Mitte* und *Die Revolution der modernen Kunst,* 69
Seelenheil, 15, 19, 94; und Metaphysik, 18
Sein, 26-7, 33, 44, 71-2, 76, 78, 81, 83, 87; Notwendigkeit des, 80, 82; und Erkennen, 9
Selbst, 14; göttliches, 8, 15, 75
Semipelagianismus, 50
Semiten, 104
Shaktis, 129
Shâkya-Muni, 132
Shankara, 50
Shan Tao, 132
shari'ah, 31, 122
sharîk, 123
Shekhînah, 105
shirk, 115, 123
Shiva, 102, 129
Shruti, 112
shûdra, 98-9
Shunyâ, 125
Silesius, Angelus, 17, 89
Sinai, 104
Sinnbildlichkeit und Moral, 79
sirr, 115
Sîtâ, 122
Smriti, 112
Sprache, heilige (= liturgische), 127, 131
Steinilber-Oberlin, E. und Kuni Matsuo, *Les Sectes bouddhiques japonaises,* 132
Stromata, 49, siehe Klemens von Alexandrien
Sufitum, 28 (Anm.), 33, 37, 48, 88, 89, 113, 122-23, 129, 131, 132, *siehe auch* Esoterik; Brüderschaften
Sündenfall, 124
Sunnah, 112
Sûrya-Siddhânta, 101

Suso (der Selige Heinrich), 89
Suzuki, Deisetz Teitaro, 47, *Essais sur le Bouddhisme Zen; Die große Befreiung,* 132

tamas, 76-7
tanzîl, 112
Tao-Ch'o, 132
Taoismus, 36
Tao-Te-King, 43
tawhîd, 33. 48. 123
Tempelorden, 47
Templer, 38, 48
Teufel, 76-7, *siehe auch* Böse, das
Thebais, Einsiedler der, 133
Theosis, 50, 123-24
Theosophie, 49, 50; und Theologie, 50, 130
Thomas von Aquino, 49, 59, 67 (Anm.)
Thora, 105-6; und Koran, 112; und Neues Testament, 112
Timotheus, 100
Tiruvalluvar, 102
Tizian, 68
Treta-Yuga, 102

Überlieferung, christliche, 67 (Anm.); heilige, 101; islamische, 67 (Anm.); jüdisch-christliche, 129
Udayana von Kaushâmbî, König, 131
Unbedingtheit, die göttliche, 27, *siehe auch* Absolute, das
Universalgeist (= Allgeist), 7
Upanischaden, 43, 50
upâya, 50
Urbild, 34-5, 82, 86, 89, 117
Urgrund, 71-2; göttlicher, 44
Uriel, 129
Urkirche, 100, 108
Urmenschheit, Teilung in verschiedene «Menschheiten», 25
Urreligion, 25, 112
Urstoff (= Urgehalt), 14, 34, 39, 40, 54, 82, 114
Urwahrheit, 109
Urwirklichkeit, 44

vacare Deo, 87

Veda, 50, 103, 121-22, 125
Vedânta, 31, 44, 120-21
Vergöttlichung Jesu und Mariä, *siehe* Dreifaltigkeit
Vernunft, 7, 126; göttliches Gesetz der, 118
Vernunftdenken, 7, 14, 18, 81, 83
Verwirklichung, metaphysisch-mystische, 11
Vielweiberei, 129
Vishnu, 126, 129, 132
Vishnu-Dharma-Uttara, 132
Volksmärchen, 37
Vorbestimmung, 12, 82-3; und Willensfreiheit, 12, 82
Vorhölle, 116

wahdat el-Wujûd, 33, 115, 123
Weisheit, überlieferungsmäßige, 14; handwerkliche, 34

Weltanschauung, metaphysische, 7, 37, 76
Weltflucht, 125, 131
Weltreligionen, 12, 22, 31, 120; äußere Gegensätze der, 10
Werkmaurerei, 34; und Kunst, 34-5
Wiedergeburt, 132
Willensfreiheit, 12, 82; und Vorbestimmung, 12, 82-3
Wirklichkeit, göttliche, 8, 30, 34, 44, 62, 71, 73, 128; geistige, 29, 79; kosmische, 54, 62, 114; Stufen derselben, 71, 75; übersinnliche, 8, 95; verhältnismäßige, 16

Yahya Mu'adh Er-Râzî, 89-90
Yi-King, 49

Zen-Buddhismus, 47
Zunft- und Bauhüttenwesen, 32

Bücher von Frithjof Schuon

In deutscher Sprache:

Leitgedanken zur Urbesinnung. Zürich/Leipzig, 1935

Tage- und Nächtebuch (Gedichte), Bern 1947

Sulamith (Gedichte), Bern 1947

Das Ewige im Vergänglichen, Von der einen Wahrheit in den Alten Kulturen (Übersetzung aus dem Französischen), Weilheim 1970

Nur in englischer Sprache erschienen:

In the tracks of Buddhism, London 1969

Dimensions of Islam, London 1969

Language of the Self, Madras 1959

In französischer Sprache (mit Angabe der wichtigsten Übersetzungen):

De l'unité transcendante des religions, Paris 1948[1], 1979[2]
   Übersetzungen: The Transcendent Unity of Religions, London – Dell' Unità Trascendente delle Religioni, Bari – De la Unidad Trascendente de las Religiones, Buenos Aires – Da Unidade Trascendente das Religiões, São Paulo – und die vorliegende deutsche Übersetzung im Ansata-Verlag, Interlaken

L'œil du cœur, Paris 1974

Perspectives spirituelles et faits humains, Paris 1953
   Übersetzung ins Englische: Spiritual Perspectives and Human Facts, London 1957

Sentiers de Gnose, Paris 1957
   Übersetzung ins Englische: Gnosis, divine Wisdom, London

Castes et Races, suivi des Principes et critères de l'art universel, Lyon 1957

Les Stations de la Sagesse, Paris 1958

Images de l'esprit: Shintô, Bouddhisme, Yoga, Paris 1961

Comprendre l'Islam, Paris 1961
 Englische Übersetzung: Understanding Islam, London

Regards sur les mondes anciens, Paris 1968
 Übersetzungen: Light on the Ancient Worlds, London – Das Ewige im Vergänglichen, Von der einen Wahrheit in den alten Kulturen, Weilheim

Logique et Transcendance, Paris 1970

Forme et substance dans les Religions, Paris 1975

Esotérisme comme principe et comme voie, Paris 1978

Le soufisme, voile et quintessence, Paris 1980